FINANZA$
CREATIVA$

(Ideas que mejorarán sus finanzas en sólo 100 hojas)

INTRODUCCIÓN

En este espacio quiero compartir las razones que me impulsaron a escribir este libro, dedicarle trabajo, tiempo y esfuerzo para concretar las ideas que lo forman.

Soy contador público de profesión, durante mi experiencia profesional de 12 años he trabajado en el ámbito financiero y fiscal principalmente, debido a mi profesión he tenido la oportunidad de conocer y evaluar estados financieros de muchas empresas de todos los tamaños, uno de los objetivos de mi trabajo ha siendo el de siempre procurar los mejores escenarios financieros para el desarrollo de las compañías.

Hasta hace un par de años jamás había considerado poner en la práctica personal el conocimiento que había adquirido, es decir, realizaba planeaciones, proyecciones, presupuestos o análisis pero al ser mi trabajo lo consideraba como algo fuera de mi ámbito personal, simple y sencillamente lo veía como dos mundos separados y ajenos el uno del otro.

Un día la idea me llegó de golpe, me di cuenta de que muchas de las cosas que yo evaluaba y analizaba para mis clientes podían aplicarse a mis finanzas personales para tener un impacto positivo.

En un principio la intención era escribir un ensayo acerca del concepto de la deuda, la mejor manera de acabar con ella o de administrarla, sin embargo una vez que me di a la tarea de desarrollarlo todo lo demás que integra este libro surgió por sí mismo, a cada nuevo capítulo surgía la necesidad de escribir otro para aclarar o complementar la información que ya había sido escrita.

Existen personas que tienen aversión a los números o las matemáticas, sin embargo calcula sus costos y gastos quincena a quincena o bien hace presupuestos o proyecciones sobre su negocio sin siquiera percatarse de ello, todos tenemos un conocimiento numérico y lo aplicamos día a día estemos conscientes o no.

Por lo anterior me propuse desde un principio que el libro fuera lo más simple posible para hacer evidente al lector que no es necesario contar con conocimientos financieros para comprender y aplicar los esquemas que aquí se proponen, la única herramienta matemática a utilizar será la aritmética (suma, resta, multiplicación y división) para mejorar las finanzas personales.

La novedad que quiero compartir con este libro es que el lector pueda aplicar métodos que lo ayudarán a mejorar sus finanzas personales, son conceptos diferentes a lo que comúnmente hacemos y que son aplicables a cualquier escala de ingreso pero con el mismo objetivo de mejorar sus finanzas personales, algo tan simple como hacer cosas diferentes para conseguir resultados diferentes. ¡MEJORES RESULTADOS!

ÍNDICE

POR ÚLTIMO…

COMENTARIOS FINALES

CAPÍTULO 1

NECESIDADES, DESEOS, DINERO, RIQUEZA Y DEMÁS DEMONIOS

Todo lo relacionado con el dinero, los bienes o los activos siempre ha sido un tema de relevancia a través de la historia del ser humano; reyes llevaron a cabo guerras con el fin de obtener la riqueza de otros pueblos, hay quienes han engañado a sus amigos o familiares por dinero, se han cometido enormes fraudes e inclusive se han llevado a cabo asesinatos en aras de obtener riquezas, bienes o aquello que tenga un valor según la época. A pesar de todo esto, la riqueza no dejará de ser tema de estudio, de análisis, de deseo o de preocupación para todos nosotros cuando nos percatamos que debemos de ganarnos lo necesario para el sustento diario.

Es común que las personas tengan la idea de que tener más dinero hará que sus problemas financieros personales terminen, cosa que en realidad no sucede, esto se puede resumir y explicar por una máxima económica: "el ser humano tiene necesidades ilimitadas sin embargo cuenta con recursos limitados para cubrirlas", a partir de aquí se puede apreciar que no importa el monto de dinero que usted gane o tenga, si usted esta en la búsqueda continua de adquirir cosas materiales siempre existirá algo de lo que carecerá, no por nada existe el dicho de: "mientras más dinero ganes más gastarás".

La economía de nuestro mundo está diseñada de tal forma que hace que el dinero sea necesario, pero el fin para el cual se necesita es relativo para cada persona, alguien puede requerir dinero para comprar un mejor automóvil o bien otra persona lo necesita para pagar un tratamiento médico para sí mismo o un familiar, es posible incluso que el monto que se necesita en ambos casos sea el mismo, pero es evidente que las circunstancias en cada caso serían muy diferentes, en la vida todo es relativo y el dinero no es la excepción.

Por ejemplo si usted logra ganar 10,000 pesos al mes puede ser que no le parezca un monto de dinero importante, sin embargo, para alguien que carece de lo mas esencial para su supervivencia esa cantidad sería toda una fortuna; podemos pensar que usted será rico cuando tenga la capacidad económica para adquirir el carro más lujoso que pueda

encontrar, sin embargo su nueva capacidad económica no le permitirá adquirir un avión propio, como vemos pueden existir necesidades ilimitadas pero siempre tendremos recursos limitados para cubrirlas.
Por lo anterior es importante conocer las diferencias entre una necesidad y un deseo.

Una necesidad es algo de lo que usted no puede carecer, por ejemplo: no se considera una opción carecer de alimentos para ningún ser humano, de agua para su consumo o uso higiénico, podemos considerar a la necesidad como algo inherente al ser humano para que éste logre su correcto desarrollo y funcionamiento, hablando en el sentido más básico de la palabra.

Un deseo es algo que a usted le gustaría tener porque en estos momentos carece de él, pero al contrario de lo que ocurre con una necesidad es posible que usted pueda carecer del deseo, de esta manera se puede afirmar que **no todos los deseos son necesarios**.

Hablando sobre un caso en particular imagine que un día carece de alimentos para comer y de un reloj para ver la hora, de este modo usted **desearía** ambas cosas, ambos deseos son válidos pero concordará en considerar solamente al alimento como una **necesidad**, más aún cuando para cubrir ambos deseos usted solamente cuenta con recursos limitados de 100 pesos en su bolsillo, por lo tanto tomando una decisión razonable optaría por comprar el alimento para cubrir la necesidad y dejaría pendiente **el deseo** de adquirir un reloj ya que **no es una necesidad**.

Una cuestión interesante es el hecho de que cuando una persona logra aumentar su ingreso de dinero de igual manera aumenta el gasto que realizaba antes del aumento; lo que ocurre financieramente hablando es que se gasta la utilidad que tendría manteniendo el mismo nivel de gastos antes del incremento, que dicho sea de paso cumplían con las necesidades que se requerían, puede ser que la razón de esto se deba a que un aumento en el ingreso no hace aumentar las necesidades de las personas sino más bien los deseos que ahora puede cumplir, tómese un tiempo para meditarlo.

Muchos problemas financieros se producen cuando las personas consideran todos los deseos como necesidades, la persona del ejemplo anterior gastaría en la comida y en el reloj para lo cual pediría dinero prestado para cubrir ambos conceptos a pesar de que su capacidad económica no se lo permite, actuando de esa manera se buscaría adquirir cada deseo que surge en su mente los cuales rebasarían su capacidad financiera (todos tenemos un límite) creando problemas por endeudarse y no poder pagar el préstamo.

La riqueza y la felicidad

¿Qué es ser rico?
¿Cuánto dinero se debe tener para ser rico?
¿Ser rico me hace feliz?

Como vimos la riqueza es relativa a las condiciones de cada persona, depende de cada uno de nosotros evaluar el aspecto financiero que nos gustaría tener y partir de ahí para alcanzar esa posición, es decir, quizás para un ejecutivo de alto nivel la riqueza este determinada por un monto específico de dinero, quizás para un empleado la riqueza signifique no tener deudas con nadie e inclusive tener dinero ahorrado, mas por debajo la riqueza para alguien sea simplemente contar con la seguridad de un alimento diario.

La mayoría de las personas quieren "ser" ricos por lo que se ocupan en "tener" cosas, se ocupan un par de verbos para definir la riqueza pero esto es como pensar que por "tener" una carro del año usted "es" feliz, quizás se sienta satisfecho durante algún tiempo pero tarde que temprano se dará cuenta de que la felicidad no esta en ser dueño de un carro, el mismo ejemplo se aplica a la riqueza, no se puede "ser" rico porque se "tenga" mucho dinero, una persona "es" rica porque esa es su naturaleza y actúa acorde a ella.

Con esto se dará cuenta de que la riqueza está a su alcance más fácil de lo que piensa, no hay limitación física que le impida a usted levantarse por la mañana y ser feliz, de igual manera como no hay limitación alguna que le impida ser rico.

Un punto que hay que notar es que pensar que ser rico le traerá felicidad es un error, si esto fuera cierto todas las personas que son millonarias serían los más dichosos del mundo pero en la vida real esto no es así, incluso habrá observado que algunos millonarios tiene problemas mucho más graves que aquéllos que tiene la gente con menor poder adquisitivo y en muchas de las ocasiones lo que provocó sus problemas fue precisamente tener más dinero, por eso podemos decir que el problema en sí no es el dinero sino lo que las personas hacen con él.

Si usted busca ser rico entonces debe de actuar como tal, con esto no me refiero a realizar gastos que cubran un estilo de vida lujoso, eso cualquiera lo puede hacer endeudándose "hasta el cuello", una persona rica puede llevar a cabo gastos innecesarios en lujos porque sus finanzas personales se lo permiten, por ejemplo, para una persona rica gastar en un carro más lujoso que el promedio no implica una afectación importante a su patrimonio, dicho gasto puede ser realizado sin preocuparse cada mes por el pago de la mensualidad ya que cuenta con una base sólida desde donde se crea el valor que le otorga el dinero para pagarlo.

El dinero y la mente, el principio de todo

Para ser sincero, la administración de las finanzas personales no requiere de conocimientos especiales más allá de simple aritmética, cualquier persona, capaz de sumar, restar, multiplicar y dividir lleva a cabo sus propios análisis acorde a sus ingresos y gastos, lo que marca la diferencia entre aquellos que tienen problemas en sus finanzas y aquellos que sus finanzas personales son una base sólida está en que éstas últimas conocen cuestiones del comportamiento del dinero o riqueza que se describen en este libro, pero más importante que eso es que cuentan con la diligencia y la disciplina de aplicar el conocimiento para obtener la mejor decisión financiera a su favor.

Todo nosotros nos enfrentamos diariamente a decisiones financieras, regularmente nos encontramos en situaciones en la que debemos optar por satisfacer aspectos de deseos o necesidades o por considerar el aspecto financiero, por ejemplo: tener un celular de última tecnología pero que por su precio hace que nos tengamos que apretar el cinturón para adquirirlo, comprar una marca de ropa de mayor precio a otra, gastar en unas vacaciones en el extranjero o bien conformarnos con un viaje nacional. Hay ocasiones en que a pesar de que nuestras finanzas personales nos muestras la mejor opción de acuerdo a la capacidad económica optamos un opción diferente.

Por lo tanto en las finanzas personales siempre hay que considerar el aspecto psicológico al momento de tomar la mejor decisión, porque cuando consideramos las opciones no vemos solamente el importe de dinero a gastar sino que también consideramos aspectos como lo que se comentó de los deseos y necesidades, además de otros como la marca, el status, la moda, y un sin fin de cuestiones que varía de persona a persona.

Todo esto recae en algo muy básico, el resultado de la posición actual de sus finanzas personales recae en su mente y no el sueldo que recibe quincena a quincena, ni en las ventas que realice al mes de su negocio dado se puede afirmar que todas las empresas pasan por períodos tanto de abundancia como de carencia. Lo que se afirma en este párrafo tiene implicaciones muy importantes, ya que usted podrá leer este libro miles de veces, pero si su mente no está entrenada para aplicar lo aprendido de nada servirá.

Si no se cuenta con la disciplina de optar por la mejor decisión financiera cuando usted se topa con ella el curso de sus finanzas personales seguirá siendo el mismo que ha sido siempre, recuerde que para conseguir resultados diferentes usted debe de llevar a cabo acciones diferentes.

Lo mejor de todo esto es que ahora ya sabe que si su mente está entrenada y encaminada a conseguir el objetivo deseado de dinero o riquezas, aquí le brindo herramientas que podrá usar para llegar a su meta.

Tanto la carencia como la riqueza comienzan en la mente.

CAPITULO 2

LA RIQUEZA: DEL ODIO AL AMOR Y VICEVERSA

La riqueza personal, sin importar el monto de esta, es una parte importante de nuestras vidas, esta en nuestro entorno desde que nacemos y hasta el último de nuestros días. En muchas ocasiones determina nuestras acciones o actos, es decir, nos puede pagar unas buenas vacaciones en un lugar paradisiaco o bien solamente una salida de fin de semana a algún lugar cercano de la localidad o en caso de escasez ninguna de las anteriores; la riqueza que ganamos es un parámetro que determina otros aspectos de la vida como la colonia en donde vivimos, los lugares en los que nos alimentamos, la manera en la que nos divertimos y otras tantas cosas más que es imposible mencionarlas todas.

La idea en esencia es que la riqueza que poseemos o carecemos es un aspecto de nuestra vida que puede influenciar otros de forma muy poderosa.

Teniendo en mente lo anterior sería lógico pensar que nos preparan o bien nos preparamos para obtenerla, conservarla y administrarla, sin embargo, la realidad es que la mayoría de nosotros tenemos poco conocimiento al respecto, lo común es que lo que sabemos lo aprendimos a través de la experiencia propia, cometiendo aciertos como errores, o quizás más de estos últimos.

De manera general los padres le enseñan a sus hijos la "importancia del dinero (riqueza)" pero dicha educación es escasa en relación a cómo es la vida real, los comportamientos que tiene la riqueza durante el tiempo, el valor real de los bienes y muchos otros conceptos que quedan fuera de las lecciones, reduciendo la enseñanza a una sola máxima: "consigue un buen trabajo = para obtener un buen sueldo = para tener una mejor vida".

Es hasta la edad adulta cuando comenzamos a conocer la influencia que tiene la riqueza en nuestras vidas, este hecho puede volver difíciles nuestras finanzas personales dado que a esas alturas es posible que ya se hayan tomado decisiones financieras de mucha importancia.

La riqueza tiene diversas ópticas, puedo asegurarle que usted conoce a alguien para quien la riqueza no resulta ser el objeto de sus desvelos por las noches sino la razón de una vida con menos problemas económicos, incluso puede resultarle místico al no comprender la razón de esto, sin embargo no existe un secreto, porque así como la riqueza nos puede hacer pasar penurias o problemas, ese mismo poder pude actuar a la inversa siendo una fuente inagotable de recursos para usted y para los suyos.

Usted debe de tener claro su objetivo al momento de buscar aumentar su riqueza para acrecentar su patrimonio, tener un objetivo claro le ayudará a enfocar sus recursos y energías sobre cómo lograrlo, no importa el objetivo que se trace, lo importante es que cuente con la perseverancia para alcanzarlo y la intención de esta obra es ayudarle a comprender muchas cosas que hasta este momento están ocultas para usted, cuando esto suceda será capaz de desenvolverse de mejor manera en relación a la riqueza.

Debe de tener en mente algo muy importante, como se dijo en el capítulo anterior la riqueza es relativa, usted puede tener muy poco y ser inmensamente rico, o al contrario, tener cada cosa material que desee y sin embargo carecer de lo más esencial en la vida como la felicidad o el amor de sus familiares, por esto si al leer esta obra fija su meta en mejorar sus finanzas personales para lograr un objetivo mayor, uno de mayor profundidad, ése será el motor que lo lleve al destino que usted desea aplicando los conocimientos que está próximo a aprender.

Y es que a final de cuentas, lo que lo hace feliz son cosas que el dinero no puede comprar, lo que puede hacerlo rico no es un monto de dinero sino sus conocimientos acerca de la riqueza misma.

CAPITULO 3

EL VALOR DE LAS COSAS: TODO ES RELATIVO

Este libro fue escrito con el objetivo de ayudarle a mejorar sus finanzas personales usando para ello conceptos de mayor profundidad que simplemente aumentar el saldo de su cuenta bancaria.

Lo primero y más importante que usted debe aprender es el concepto del **valor** de las cosas.

El valor de las cosas es medido a través del dinero, el dinero en sí mismo tiene un valor y dicho valor cambia con el paso del tiempo, en el siguiente capítulo ahondaremos más en esto pero antes veremos otros conceptos acerca del valor para su mayor comprensión.

El valor de un objeto está determinado por la necesidad que se tenga de él, siendo así, una botella de agua en el desierto sería más deseada (por lo tanto tendría mayor valor para las personas) que si encontramos la misma botella dentro de un refrigerador con cientos de botellas iguales en cualquier otro lugar, la necesidad que las personas tengan de un producto es lo que los economistas llaman DEMANDA.

Volviendo al mismo ejemplo, digamos que usted es vendedor de botellas de agua, usted busca vender su producto a los posibles clientes, sin embargo, su producto será mejor recibido en un clima desértico que si tratara de venderlo en uno invernal, si usted ofrece su producto en las mejores condiciones para el mismo tendrá mayor valor en el mercado, es decir, la OFERTA.

Ambas variables actúan entre sí en lo que es conocido como el MERCADO, el cual es formado por los compradores por un lado y los vendedores por el otro, tanto la oferta como la demanda se ajustan en ocasiones al alza en ocasiones a la baja, esto por circunstancias y variables que van desde el mercado en sí mismo, regulaciones, eventos inesperados e incluso por el comportamiento del clima.

El TIEMPO es un factor irreversible que afecta el valor de las cosas, por ejemplo, el primer cómic de Superman en su fecha de lanzamiento no

16

habrá costado más que algunos centavos de dólar, pero si el día de hoy tuviéramos en nuestras manos un ejemplar, el mismo se valuaría en miles de dólares a valor actual, el tiempo es un factor que actúa en relación a la oferta o la demanda, pero al contrario de ellas no es posible hacer ajustes sobre él, con esto me refiero a que no podemos viajar al pasado y comprar un cómic barato para venderlo muy caro en precios de hoy, es por ello que se dice que el tiempo es dinero.

Teniendo en mente los conceptos anteriores se puede tomar cualquier bien y considerar las fuerzas que afectan su valor: oferta, demanda y tiempo, pero esto no queda ahí, estas fuerzas que afectan el valor de un objeto deben de ser consideradas por un individuo en lo particular, es decir, teniendo determinadas condiciones de oferta, demanda y tiempo, en cualquier mercado un par de individuos pueden determinar valores diferentes sobre un mismo bien, por lo tanto existe una cuarta dimensión del valor de un objeto: la PERCEPCIÓN.

Tome como ejemplo el presente libro, quizás usted hasta este momento considere que pago demasiado por lo que esta obra le ofrece y piensa que no vale su precio ni siquiera por el papel en el cual está impreso, sin embargo, sobre esta misma obra otro lector pueda considerar que el gasto realizado ha sido una buena inversión que le ayudará a mejorar sus finanzas personales, hablamos del mismo objeto, diferentes percepciones sobre su valor.

Recuerde que el dinero no es la riqueza propiamente dicha sino más bien una representación numérica y física de la misma, es una manera de medir el valor que una persona ha logrado acumular; pensar que tener dinero enriquece es como pensar que tener una casa es lo mismo que tener un hogar.

En lo personal me gusta hacer la analogía con la siguiente frase: "da un pescado a un hambriento y calmarás su hambre por un día, enséñale a pescar al mismo hombre y calmarás su hambre por el resto de su vida", lo mismo aplica con la riqueza y a los conocimientos que este libro le ofrece.

Pongamos otro ejemplo para ser más concretos, si usted obtiene un premio en efectivo por alguna rifa, eso no lo hace "rico", ganar el premio hace que tenga más dinero que antes, pero lo que lo enriquece realmente es lo que hace con el dinero, gastarlo en un viaje con sus seres queridos y conocer nuevos lugares le puede brindar una ganancia emocional mas no una ganancia financiera, una persona con suficientes conocimientos acerca del valor de las cosas invertiría el dinero de tal manera que a la postre podría tomar las mismas vacaciones o incluso unas mejores y aun conservar el dinero ganado en la rifa.

Acumular valor es algo sencillo de hacer, usted debe de enfocar su esfuerzos y recursos en realizar operaciones que crean valor, no importa el tamaño de éstas, tenga en mente que una montaña no se compone solo de grandes promontorios, sino tanto de piedras enormes pasando por todos los tamaños hasta pequeños guijarros, con eso en mente usted debe de ir acumulando operaciones que crean valor, disminuir la cantidad de aquellas que no crean valor y sobre todo evitar aquellas en las que usted pierde valor.

Su patrimonio será el resultado de la suma y resta de todas las operaciones de valor que ha hecho, si usted realizo en su mayoría operaciones que crean valor entonces su patrimonio tendrá un saldo positivo, tener más operaciones que no crean valor puede hacer que su patrimonio disminuya o incluso que muestre un saldo negativo lo cual significa que usted adeuda cantidades importantes de dinero.

Si usted es una persona que está interesada en crear riqueza, es decir, en aumentar el valor acumulado de su patrimonio entonces el libro que tiene en sus manos además de enseñarle la manera de hacerlo aprenderá a cuidar de él tomando decisiones financieras inteligentes, decisiones que muchas de las veces son actos de simple sentido común.

Interludio I – El Dinero: Psicosis Colectiva

¿Alguna vez se ha detenido a pensar, qué es el dinero?

El dinero puede tener muchas definiciones, estudios, análisis, conceptos, etcétera, pero piense un momento y considere que el dinero objetivamente hablando es simple y llano papel, de hecho con la tecnología de hoy en día ya ni siquiera eso al volverse solamente un número desplegado en una pantalla de la computadora.

Ya sea en su bolso, ya sea en su cartera usted carga papeles con números de cantidades diferentes, papel que en nuestra sociedad se le da un valor, a lo largo y ancho del mundo nos hemos puesto de acuerdo en que ese papel que usted carga representa un valor, pero no por ello deja de ser papel y eso es algo que en ocasiones se nos olvida.

Reflexione en los tiempos en los que no existía el dinero, por ejemplo en las culturas indígenas en donde en lugar de utilizar papel que usamos hoy en día como método de cambio se utilizaban semillas o artículos que tenían un valor en la sociedad de ese entonces, si por ejemplo pudiéramos interactuar con una persona de ese tiempo y le ofreciéramos una cantidad extraordinaria de nuestro dinero probablemente se reiría de nosotros y nos tomaría de locos, en cambio sí le ofrecemos algunos granos para sembrar, para él sería un tesoro más grande ya que podría sembrarlos y después de la cosecha alimentarse él y los suyos, cosa que no podría hacer con el papel que le estamos ofreciendo, ¿quién es el loco ahora?

Usted puede pensar en que gracias al acuerdo establecido del dinero, puede ir a la tienda más cercana y comprar el alimento y los artículos que necesite para vivir, y eso no tiene nada de malo pero ahora considere los tiempos de una revolución en la que cada caudillo pretendió utilizar su moneda como medio de cambio, el dinero que ahora se utiliza no es el que mejor se desempeña sino aquél que representa al ganador de la revolución, una revolución puede desaparecer el valor de su papel-dinero si usted se encuentra en el bando perdedor.

Tomemos ahora un ejemplo actual en el que súbitamente usted es transportado tal cual se encuentra ahora a otro país, sabrá entonces que el dinero que lleva consigo no servirá para pagar artículos o servicios, primero que nada usted tendría que cambiar su dinero a dinero local, su dinero ahí no serviría de nada.

Los ejemplos buscan hacer evidente que el dinero en sí no tiene un valor, éste valor es asignado por el acuerdo que la sociedad tiene de sobre él y que además de ello le asigna un poder, el poder de comprar artículos o bienes, y como humanos si algo puede gustarnos es el poder.

El dinero y la inflación

Como ya se mencionó el dinero es un participante más del mercado, su función es ser un medio para el intercambio de valores, es afectado por las mismas circunstancias de oferta, demanda y tiempo, así como la percepción que se tenga sobre él.

En el caso particular del dinero existe una variable más que lo afecta conocida como INFLACIÓN.

La inflación no es otra cosa que el aumento del costo de las cosas en un país y está representado en porcentaje.

Si un país durante un año dado tuvo una inflación del 5%, esto quiere decir que el valor adquisitivo del dinero bajó en 5%, o dicho de otro modo, si usted compraba un producto en 10 pesos ahora usted tendrá que desembolsar 10.5 pesos para comprar el mismo producto, tiene que gastar más para compensar el aumento en el precio del producto debido a la inflación.

Digamos que usted ha logrado reunir un monto considerable de capital y lo guarda en el banco un par de años, si la inflación en ese período fuera de 6%, su dinero en el banco después de ese periodo compraría 6% menos en bienes, para evitar esta situación se aplica el concepto de interés del cual se hablará más ampliamente en el capítulo de la deuda.

La inflación tiene muchas vertientes que la afectan ya sea en un aumento o en una disminución, lo que usted debe comprender en este momento es que la inflación afecta el dinero, por la misma razón usted no debe buscar tener más dinero sino bienes que cuando menos conserven su valor pero sobre todo aquellos que lo aumenten.

CAPITULO 4

CREANDO VALOR

Una muy buena noticia que puedo darle es que todos tenemos la capacidad de crear valor para mejorar nuestras finanzas personales, por lo tanto cualquier persona tiene la capacidad para acumular dicho valor con lo que aumentaría su patrimonio para en última instancia, enriquecerse.

La diferencia del valor creado entre una persona y otra varía dependiendo de muchos factores: el modo en que se crea el valor, el número de operaciones que se realizan para crear valor, una vez creado un valor lo que se hace con él, etcétera.

En el presente capítulo veremos el concepto de la creación del valor, ya que no importa la actividad que usted realice para crear valor, lo importante aquí es si conoce o no las reglas que se aplican sobre el valor que usted ha creado.

Como decíamos en un principio, todo mundo puede crear valor, si usted tiene capacidad para trabajar usted puede enriquecerse, realmente si usted solamente cuenta con la capacidad mental para trabajar es más que suficiente para lograr acumular valor, y es que no importa su actividad, se puede enriquecer tanto el profesionista más estudiado, como aquél que no terminó el grado primario de educación, su puede enriquecer una persona que realiza innovaciones tecnológicas de un alto grado de sofisticación, como también se puede enriquecer un vendedor de tacos, ejemplos de estos abundan por todas partes.

Todas las personas que logran un éxito financiero actúan aplicando las reglas del valor muchas de las veces sin saberlo, lo hacen de manera intuitiva, la intención de este capítulo es adentrarnos en las reglas sobre el comportamiento del valor de las cosas, pero sobre todo poder usar dichas reglas a nuestro favor.

Existen diversas maneras de crear valor, algunas tienen mayor complejidad que otras, pero sobre todas actúan las mismas reglas del valor, es por ello que se pueden encontrar personas con grandes sumas de dinero en su bolsillo pero a la vez con grandes deudas que amenazan su patrimonio, las reglas actúan de la misma manera sin importar el monto de ellas.

Formas de crear valor:

- El Trabajo
- La Inversión
- La Creación

El Trabajo

El trabajo a través del empleo

Cuando usted crea valor a partir del trabajo quiere decir que está vendiendo su tiempo, esfuerzo o conocimientos a cambio del cual usted recibirá dinero en la forma de un sueldo. Para crear este tipo de valor necesita conseguir un trabajo acorde a su vocación o profesión.

Si usted es empleado debe de comprender que ese sueldo que obtiene representa el valor que usted está creando, puede estar por encima o por debajo de las responsabilidades que está obligado a desempeñar, puede sucederle que al reunirse con colegas vea que hay quién desempeña las mismas responsabilidades que usted pero que obtiene un valor mayor por su trabajo o alguien en el caso contrario.

Vender el tiempo, esfuerzo y experiencia en un empleo es algo muy subjetivo para conocer con exactitud si está obteniendo un sueldo justo, el mercado de oferta y demanda juegan un papel importante: una oferta amplia de personas con la misma profesión hace que el sueldo que se paga en un empleo sea menor, o bien, un oferta limitada de personas de una profesión combinada con un alta demanda de ellas puede provocar que los sueldos ofrecidos aumenten.

Otro aspecto a considerar es el hecho de que en ocasiones la cantidad de trabajo es mayor que en otras, eso no quiere decir que a mayor trabajo mayor remuneración, usted es responsable de tenerlo listo por el mismo sueldo, pero de igual manera si existe una época de poco trabajo el empleador está obligado a pagarle el mismo sueldo.

Si su trabajo requiere de conocimientos o destrezas especiales su remuneración será mayor al trabajo que no requiere de muchos conocimientos. Si con el tiempo usted logra una especialización de mayor grado en su oficio o profesión su desempeño tendrá mayor valor para su empleador, por lo tanto el valor que usted crea se verá incrementado.

El sueldo que usted percibe es como el piso desde donde usted comenzará a acumular valor, si su piso es alto será posible que acumule mayor valor conociendo los conceptos que veremos más adelante, si su piso es más bien bajo es posible que el valor que acumule sea menor, pero en ambos casos se puede enriquecer.

El trabajo a través del autoempleo

Una variante del trabajo a través del empleo es el trabajo a través del autoempleo.

En el autoempleo es posible que usted realice las mismas actividades que si fuera empleado, pero en el autoempleo usted vende su esfuerzo, experiencia y conocimientos siendo su propio jefe.

Para ejemplificarlo imagine que su trabajo es diseñar planos para la construcción de casas, como empleado usted debe de seguir ciertas normas y reglas establecidas por el empleador como lo son: el horario, sueldo, prestaciones, etc.

Como auto empleado usted podría llevar a cabo las mismas actividades pero bajo sus propias reglas y normas, es decir, establecer con su cliente el trabajo que debe ser realizado con todos los parámetros necesarios, pero usted mismo determina las normas y reglas que lo regirán para llevarlo a cabo. Inclusive usted pudiera obtener el mismo monto en dinero por su trabajo en ambos casos.

Una diferencia importante entre el empleo y el autoempleo es que en el caso de un auto empleado además de realizar su actividad para crear el valor usted debe también hacerse cargo de las actividades de administración de las cuales no se da por enterado siendo empleado, por ejemplo: como auto empleado debe de encargarse del pago de los servicio de sus oficinas, llevar un control de sus pagos y cobros, etcétera, es decir que usted además de su actividad laboral debe de cubrir los demás aspectos de administración que ayudan a que el trabajo sea llevado a buen término; de igual manera el beneficio por el trabajo realizado va total y directamente a su bolsillo ya que como se comentó usted establece sus normas y reglas, entre ellas el precio por el cual está dispuesto a realizar un trabajo.

En el autoempleo puede suceder algo que no pasa en el empleo, siendo un auto empleado usted se puede dedicar o bien a vender su trabajo o bien a vender un producto, esa diferencia puede llegar a ser grande al momento de compararlas.

Cuando un auto empleado vende su trabajo éste tiene un límite determinado por el tiempo, es decir, por mucho que usted trabaje siempre tendrá un tope de 24 horas por día para llevar a cabo sus actividades, pero si el auto empleado se dedica a la venta de un producto la remuneración por su trabajo irá en proporción a las ventas realizadas, de ese modo en un mal día la remuneración obtenida puede ser baja en comparación de un sueldo establecido, pero en un día bueno la misma puede variar enormemente respecto de un sueldo, la diferencia está en que en una hora de ventas un auto empleado puede vender desde uno hasta mil piezas de un artículo realizando el mismo esfuerzo en el trabajo de venta pero obteniendo un valor variable.

En este caso la importancia está en el potencial dispuesto para crear valor, como empleado ese potencial está determinado por el empleador, usted cumple con el horario establecido y obtiene una remuneración fija, en el caso del autoempleo usted obtiene la remuneración que usted mismo establece pero su límite está determinado por el tiempo que pude laborar, en el caso de un autoempleo que se dedica a la venta de bienes el potencial estará limitado por sus habilidades para desempeñar el trabajo.

El trabajo a través de la empresa

En una empresa al igual que en el autoempleo usted puede vender tanto sus servicios como productos, pero la diferencia la hacen dos conceptos: la infraestructura y el apalancamiento.

Como infraestructura se pude considerar el equipo que se utiliza para llevar a cabo el trabajo, puede ser maquinaria o cualquier bien que ayude en las labores, además también se pueden considerar los procesos y métodos para realizar el trabajo, es decir, conocimientos que se han desarrollado y que mediante la aplicación de los mismos se puede llevar a cabo el trabajo para la creación del valor.

Cuando una persona ha logrado crear una infraestructura es capaz de realizar las mismas actividades que llevaría a cabo un empleado o un auto empleado, sin embargo, la infraestructura es capaz de realizar las tareas necesarias para la creación de valor sin la necesidad de que quien creó la infraestructura este laborando o supervisando, el negocio puede mantenerse, desarrollarse o inclusive crecer por sí mismo como una entidad independiente.

En el caso del apalancamiento se tienen de dos tipos: del dinero, del trabajo.

El apalancamiento del dinero se refiere a la creación del valor mediante el uso de dinero adicional al capital propio vía préstamo. Usted cuenta con capital propio con el cual desarrolla su actividad para crear valor y un préstamo le ayuda a abrir un nueva sucursal, comprar maquinaria más moderna, adquirir métodos nuevos, etc., lo importante es que ese dinero adicional da un "empujón" a que la empresa crezca en capacidad para la creación del valor.

Cuando usted como dueño de una empresa contrata a otros para realizar el trabajo lo que hace es apalancar el trabajo de los demás a través de la empresa para crear el valor, en teoría usted debe obtener un beneficio mayor al sueldo que paga al empleado, de otro modo la empresa no podría sostenerse. Muy importante en este punto es apalancar el trabajo de la empresa con gente capacitada que ayude a mantener el valor de la empresa o negocio y que inclusive lo aumente.

Crear valor a través de un negocio implica un beneficio mayor pero de igual manera un mayor esfuerzo para lograrlo, una vez que se llega al objetivo el valor puede ser creado con un menor esfuerzo gracias a la infraestructura y el apalancamiento.

La Inversión

Crear valor a través de la inversión implica poner a trabajar el dinero para usted, esto se logra cuando usted pone su dinero a trabajar produciendo valor por sí mismo mediante la compra de bienes que producen valor.

La adquisición de una casa para renta es una inversión que no necesita del uso de su tiempo como en el caso de un empleo o autoempleo, obviamente tener un bien inmueble requiere de cierto grado de administración pero no es comparable a las demás formas de crear valor.

Tener un capital monetario dentro de fondos de inversiones crea valor cuando gana interés, por más pequeño que éste sea su capital será mayor cuando suma el interés ganado. O bien su dinero crea valor para usted cuando le presta dinero a un amigo o familiar y sobre el mismo gana un interés.

La compra de negocios establecidos es también una forma de inversión aunque en este caso a diferencia del trabajo a través de la empresa usted no se dedica a trabajarla sino que apalanca el trabajo de los demás obteniendo sólo los beneficios.

La inversión suele ser más sofisticada para la creación del valor, en esencia para su aplicación se requiere de análisis de conceptos más subjetivos que el análisis que se necesita para llevar a cabo un trabajo o una venta.

Aunque puede considerarse la manera más fácil de crear valor no es la más simple.

La Creación

Esta manera para crear valor va mucho más allá del tiempo y del espacio, no es algo fácil de lograr pero una vez alcanzada es una fuente de valor inagotable.

Al hablar de creación hablamos de que usted crea valor a través de una idea, una invención, una mejora, un proceso, un producto que tiene "vida" por sí mismo y es capaz de reproducirse, por esto mismo es que requiere un arduo trabajo para conseguirlo.

Sin embargo a pesar de su dificultad, se pueden ver ejemplos de esto todos los días, un artista escribe una canción inédita que se convierte en un éxito y posteriormente comienza un efecto dominó que traspasa ideologías y tiempo, quizás usted alguna vez haya comprado un CD de un grupo que ya no existe el día de hoy, y no sólo eso sino que la misma música fue comprada por su padre o madre aunque en formato de vinil o casete o probablemente en un futuro no muy lejano su hijo adquiera a través de Internet.

La creación implica arduo trabajo que para dar resultados se apoya en la inspiración, una idea puede hacer la diferencia para lograr una creación exitosa, piense en el refresco que tiene en su refrigerador, el mismo en un principio no fue más que una fórmula escrita en papel hoy en día es la base de un gran empresa multinacional.

La creación va más allá del mero esfuerzo al convertir las ideas en una realidad que tiene un valor, este valor en el mercado es conocido como MARCA.

Gasto, Costo y Pérdida

Después de dar una vista a las formas de crear valor, es importante que conozca los factores que hacen disminuir el valor que usted crea.

Es obvio que una parte del valor que crea es necesario para vivir, mantener la salud de manera óptima y un estilo de vida que le sea grato, por lo tanto queda fuera de discusión tomar una parte del valor para cubrir necesidades personales y familiares, pero para que usted tenga una comprensión más profunda de las disminuciones de su valor debe de comprender los siguientes 3 conceptos:

GASTO.- Un gasto son erogaciones que usted realiza y de las cuales **NO** espera obtener un beneficio en lo futuro.

COSTO.- Un costo son erogaciones que usted lleva cabo y de las cuales usted **SI** espera obtener un beneficio futuro.

PÉRDIDA.- Una pérdida sucede cuando una erogación realizada para obtener un beneficio futuro **ES MAYOR** al beneficio que obtiene.
Cuando usted compra ropa, usted espera recibir el beneficio futuro de vestirse y verse bien, para cuestiones financieras un beneficio es una operación que crea valor lo cual no sucede en este caso, por lo tanto la erogación por la compra de ropa se considera un gasto.

Usted espera un beneficio cuando compra la ropa planeando venderla en el futuro, en este caso la erogación se considera un costo debido a que esa ropa que compró representa el dinero que intercambio por ella y espera recibir más valor que el que pagó.

Cuando vende la ropa que compró y quiere hacer efectivo el costo por adquirirla puede que sucedan dos cosas: usted logra vender la mercancía a un precio mayor a su costo resultando con ello una utilidad o dicho de otra manera, logró crear valor, en caso de que la mercancía no resulte atractiva para los compradores usted tendría que venderla a un precio menor a lo que le costó para recuperar algo de su valor resultando esto en una pérdida.

Viendo los ejemplos descritos anteriormente podemos llegar a la conclusión de que llevar a cabo solamente operaciones de gastos no le llevará a ningún lado si su intención es crear valor y acumularlo. Por el contrario llevar a cabo operaciones de costos lo acercará más a este objetivo, sin embargo nadie es infalible y tendrá tanto pérdidas como ganancias por lo que usted deberá de enfocar muy bien sus recursos al momento de llevar a cabo sus erogaciones de costos.

Tenga en mente que crear valor son las entradas que hacen que su patrimonio crezca, las salidas son los gastos y pérdidas, por lo tanto si usted es de los que cree que ganar valor es muy difícil o complicado entonces lo más coherente es actuar de modo tal que una vez que gane valor no lo deje escapar de su bolsillo fácilmente.

CAPÍTULO 5

EL PODER DE LOS PEQUEÑOS AHORROS

Una de las lecciones más importantes que se dejan de enseñar en la educación financiera es el de la importancia del ahorro, desde mi punto de vista el ahorro se encuentra menospreciado.

Normalmente cuando recibimos un ingreso por nuestros trabajo no es común que destinemos parte de ese dinero al ahorro, usted puede destinar de manera más fácil cantidades para pago a su acreedores y demás gastos que tenga pero no es tan fácil cuando se toca el tema del ahorro, esto es un error grave en las finanzas personales dado que el ahorro debe ser una parte esencial de ellas si su intención claro está es acumular valor para aumentar su patrimonio.

Aquí no hablamos de que usted destine cantidades importantes de su ingreso para el ahorro, una cantidad tan simple como un 10% de su ingreso puede tener grandes impactos en sus finanzas personales.

Por ejemplo si usted se decide a ahorrar el 10% de sus ingresos mensuales, al cabo de un año usted tendrá ahorrado en su bolsillo más de lo que gana en un mes, 10% de ahorro mensual x 12 meses = 120% de ahorro de su ingreso mensual, cuando lo logré verá que el esfuerzo habrá valido la pena., pero si usted mantiene este ahorro en sus finanzas personales durante 5 años al cabo de los mismos contará con el 50% de lo que gana en un año, ¿Qué haría usted en estos momentos si contara con esta cantidad?, lleve a cabo las matemáticas en base a sus propios ingresos y verá de qué montos estamos hablando.

Si de momento considera que el 10% de su ingreso mensual es demasiado, puede comenzar con la mitad de dicha cantidad, la regla la establece usted mismo en base a la situación actual de su economía personal, inclusive es posible que usted ahorre dinero con tan solo revisar sus gastos, recuerde el capítulo en donde hablamos de necesidades y deseos, además de aquellos que son gastos, costos y pérdidas; es muy común que las personas hagamos gastos que no son necesarios, adquirir lujos o comprar artículos de los que verdaderamente se puede prescindir.

El primer paso para conseguir un ahorro es reducir al mínimo los gastos que no son necesarios, lo más probable es que llevando a cabo esta sencilla tarea usted vea que el monto que gasta en este tipo de cosas es igual o quizás mayor al 10% de su ingreso, por lo tanto no debe de hacer un esfuerzo adicional para ahorrar sino simplemente modificar sus hábitos de gastos y prescindir de aquéllos que no le sean indispensables, considere que si a esta tarea le agrega un monto adicional de ahorro se puede sorprender de la cantidad de dinero que puede ahorrar para usted mismo.

Cuando usted ahorra lo que hace es cerrar una puerta al valor que ha creado para que permanezca en su bolsillo, pero además el ahorro le puede brindar un respiro emocional y psicológico.

El punto más importante del ahorro es que independientemente de montos o porcentajes usted pueda sentir, tocar, palpar y observar dinero que es la representación de su esfuerzo que no irá a parar a las manos de nadie más que a las suyas.

CAPÍTULO 6

EL INTERÉS COMPUESTO (O DE CÓMO EL DINERO SE CREA A SÍ MISMO)

Existe un dicho de la sabiduría popular que dice "dinero llama dinero" y aunque los dichos populares no son verificables los mismos han permanecido a lo largo del tiempo, es probable que la razón de esto se deba a que llevan algo de verdad en sus palabras.

Desde mi punto de vista el interés compuesto es una prueba de lo anterior, se puede describir al interés compuesto como: Aquel interés que se gana sobre un préstamo y que se convierte en capital al término de un plazo.

Imagine que usted le presta 10,000 pesos a un amigo por un período de 3 años sobre el cual le cobrará **una tasa del 5% de interés compuesto anual**, al término del primer año el préstamo produciría un interés de 500 pesos (5% * 10,000 = 500), por lo que su amigo le debería 10,000 pesos del capital más los 500 del interés del primer año pero como se acordó cobrar un interés compuesto sobre el préstamo el interés se suma al capital cuyo monto ahora es de 10,500 pesos, posteriormente al término del segundo año los intereses serían por un monto de 525 pesos (10,500 * 5% = 525), usted obtuvo un interés mayor en 25 pesos que el interés del primer año, éstos se sumarán al capital para ascender ahora a un monto de 11,025 pesos (10,500 + 525 = 11,025). Los intereses del tercer año se cobrarían sobre el capital de 11,025 resultando en un monto de interés de 551 pesos.

Como se puede observar cuando usted mantiene su dinero dentro de un esquema de interés compuesto, no tiene que realizar **ninguna** operación financiera para que el dinero se reproduzca a sí mismo, cuanto más alta sea la tasa de interés así como también el monto del dinero el interés obtenido será mayor, todo es debido a que las cantidades guardan proporción.

Usted puede aplicar el esquema del interés compuesto a su ahorro mensual para notar el impacto que esto puede tener, considerando lo visto en el capítulo anterior a continuación se detalla la siguiente tabla sobre un ejemplo de ingreso mensual de 10,000 pesos y un ahorro del 10% mensual:

Año	Ahorro Anual	Saldo Inicial	Interés 5%	Saldo Final
1	12,000	12,000	600	12,600
2	12,000	24,600	1,230	25,830
3	12,000	37,830	1,891	39,721
4	12,000	51,721	2,586	54,307
5	12,000	66,307	3,315	69,623
Total	60,000		9,623	

Como puede usted observar se han logrado generar 9,623 pesos con un ahorro constante y sin llevar a cabo ninguna operación financiera espectacular, la tasa de interés utilizada sobre el ahorro fue de 5%, una de las tasas más bajas que le ofrecen hoy en día en el mercado.

Se puede utilizar esta herramienta para objetivos de largo plazo como lo puede ser el pago de los estudios universitarios de sus hijos, en este caso supongamos que su hijo comenzará a estudiar dentro de 10 años sus estudios profesionales y que el gasto de los mismos ascendería a unos 100,000 pesos por una carrera de 5 años.

Se tomará como ejemplo las mismas circunstancias del ejemplo anterior por un período de 10 años.

Año	Ahorro	Saldo Inicial	Interés 5%	Saldo Final
1	12,000	12,000	600	12,600
2	12,000	24,600	1,230	25,830
3	12,000	37,830	1,891	39,721
4	12,000	51,721	2,586	54,307
5	12,000	66,307	3,315	69,623
6	12,000	81,623	4,081	85,704
7	12,000	97,704	4,885	102,589
8	12,000	114,589	5,729	120,319
9	12,000	132,319	6,615	138,934
10	12,000	150,934	7,547	158,481
Total	120,000		38,481	

Si simplemente se guardara el dinero ahorrado debajo del colchón tardaría 8.3 años (100,000 / 12,000 = 8.33) de ahorro para juntar la cantidad necesaria para pagar los estudios universitarios, sin embargo si utiliza el esquema del interés compuesto su tiempo de ahorro se reduce un año como se observa en la tabla previa (año 7), pero si usted es constante y ahorró el mismo monto durante 10 años su dinero generaría 38,481 pesos para el pago de los estudios, es decir que usted ganaría una tercera parte de los 100,000 pesos que debe de pagar sin realizar ningún esfuerzo financiero.

Ahora que conoce esta herramienta financiera usted puede adecuarla a su bolsillo en particular, en el ejemplo previo se consideró una tasa de rendimiento del 5% para un periodo de 10 años manteniendo un ahorro mensual del 10% del ingreso, pero si usted ahorra tan solo el 4% en lugar del 10% sin hacer cambios en el resto de los parámetros al cabo de 10 años tendría un monto total de alrededor de 64,000 pesos, es decir dos tercios de los 100,000 pesos que necesita para cubrir el pago de los estudios universitarios incluso antes de que comience a estudiarlos, y le puedo asegurar que usted se gasta más del 4% de su ingreso en artículos que no le son necesarios.

Se tomó como ejemplo el pago de estudios universitarios de un hijo, pero el ahorro y esquema del interés compuesto puede aplicarse a cubrir necesidades importantes a lo largo de la vida como lo puede ser la compra de una casa o incluso el retiro.
Para ejemplificarlo a continuación se verá un ejemplo con las siguientes características:

Ingreso Anual: 100,000 pesos
Ingreso mensual promedio: 8,333 pesos
Ahorro mensual: 400 pesos = 5% del ingreso mensual
Periodo: 20 años
Tasa de interés anual: 5%

Año	Ahorro	Interés 5%	Total	Saldo
1	4,800.00	109.99	4,909.99	4,909.99
2	4,800.00	357.68	5,157.68	10,067.67
3	4,800.00	617.86	5,417.86	15,485.53
4	4,800.00	891.16	5,691.16	21,176.69
5	4,800.00	1,178.25	5,978.25	27,154.95
6	4,800.00	1,479.83	6,279.83	33,434.78
7	4,800.00	1,796.61	6,596.61	40,031.39
8	4,800.00	2,129.38	6,929.38	46,960.77
9	4,800.00	2,478.94	7,278.94	54,239.71
10	4,800.00	2,846.12	7,646.12	61,885.83
11	4,800.00	3,231.83	8,031.83	69,917.66
12	4,800.00	3,637.00	8,437.00	78,354.66
13	4,800.00	4,062.60	8,862.60	87,217.27
14	4,800.00	4,509.68	9,309.68	96,526.95
15	4,800.00	4,979.31	9,779.31	106,306.26
16	4,800.00	5,472.63	10,272.63	116,578.88
17	4,800.00	5,990.83	10,790.83	127,369.71
18	4,800.00	6,535.18	11,335.18	138,704.89
19	4,800.00	7,106.98	11,906.98	150,611.87
20	4,800.00	7,707.63	12,507.63	163,119.50
	96,000.00	**67,119.50**	**163,119.50**	

Como se puede observar en la tabla previa, un pequeño ahorro de 400 pesos mensuales constante que representa un 5% del ingreso mensual resulta en una ganancia del 70% de interés (67,119.50 / 96,000.00 = 0.70) sin esfuerzo alguno de su parte, una tasa de rendimiento de esta naturaleza no la obtendría en ninguna institución actual, el secreto de que se pueda lograr esta tasa de interés tan alta es que el capital sobre el que se calcula el interés va aumentando gracias a que se suma el interés generado, pero lo más importante es que de su bolsillo sigue saliendo solamente el 5% de lo que entra en él.

Vea el cambio cuando logra obtener una tasa mayor del 8% anual.

Año	Ahorro	Interés 8%	Total	Saldo
1	4,800.00	177.45	4,977.45	4,977.45
2	4,800.00	584.71	5,384.71	10,362.16
3	4,800.00	1,025.29	5,825.29	16,187.46
4	4,800.00	1,501.93	6,301.93	22,489.38
5	4,800.00	2,017.56	6,817.56	29,306.94
6	4,800.00	2,575.38	7,375.38	36,682.32
7	4,800.00	3,178.84	7,978.84	44,661.15
8	4,800.00	3,831.68	8,631.68	53,292.83
9	4,800.00	4,537.93	9,337.93	62,630.76
10	4,800.00	5,301.97	10,101.97	72,732.73
11	4,800.00	6,128.52	10,928.52	83,661.25
12	4,800.00	7,022.71	11,822.71	95,483.96
13	4,800.00	7,990.05	12,790.05	108,274.01
14	4,800.00	9,036.55	13,836.55	122,110.56
15	4,800.00	10,168.67	14,968.67	137,079.23
16	4,800.00	11,393.42	16,193.42	153,272.66
17	4,800.00	12,718.39	17,518.39	170,791.05
18	4,800.00	14,151.76	18,951.76	189,742.81
19	4,800.00	15,702.42	20,502.42	210,245.22
20	4,800.00	17,379.95	22,179.95	232,425.17
	96,000.00	**136,425.17**	**232,425.17**	

El rendimiento obtenido de 136,425.17 pesos es mayor en 1.42 veces el ahorro que usted llevó a cabo tan sólo con un cambio de 3 puntos porcentuales en la tasa que obtiene de su ahorro.

A estas alturas usted puede pensar que hacer una planeación a tan largo tiempo no es un lujo del cual dispone, si usted siente que se encuentra "retrasado" 5 años para aplicar este esquema lo que puede hacer es comenzar con un ahorro que sume el ahorro de dicho tiempo, que en este caso serían 24,000 pesos (4,800 * 5 años = 24,000), se muestra el resultado del mismo:

Año	Ahorro	Interés 8%	Total	Saldo
1	24,000.00	1,794.10	25,794.10	25,794.10
2	4,800.00	2,287.95	7,087.95	32,882.05
3	4,800.00	2,867.90	7,667.90	40,549.95
4	4,800.00	3,495.29	8,295.29	48,845.24
5	4,800.00	4,174.02	8,974.02	57,819.27
6	4,800.00	4,908.29	9,708.29	67,527.55
7	4,800.00	5,702.63	10,502.63	78,030.18
8	4,800.00	6,561.97	11,361.97	89,392.15
9	4,800.00	7,491.62	12,291.62	101,683.76
10	4,800.00	8,497.33	13,297.33	114,981.09
11	4,800.00	9,585.33	14,385.33	129,366.42
12	4,800.00	10,762.35	15,562.35	144,928.78
13	4,800.00	12,035.68	16,835.68	161,764.46
14	4,800.00	13,413.20	18,213.20	179,977.66
15	4,800.00	14,903.42	19,703.42	199,681.08
	91,200.00	**108,481.08**	**199,681.08**	

En este caso la tasa efectiva de interés ganado sería de 119% sobre su ahorro, menor debido a la demora por la aplicación de este esquema pero mayor al propio ahorro hecho el cual no está de más mencionar nuevamente es tan sólo el 5% de su ingreso.

Por último se mostrará la aplicación de este esquema con otro ingrediente.

Por lo general al final de cada año es común que se reciban cobros adicionales por concepto de bonos, este hecho sería aprovechado por el esquema del interés compuesto el cual sería del mismo monto que lo ahorrado a lo largo del año, es decir tan sólo 4,800 pesos (400 * 12 = 4,800) y consideraremos que para este ejemplo se ha conseguido una mejor tasa de 9% la cual en ocasiones es posible conseguir en el mercado:

Año	Ahorro	Interés 9%	Total	Saldo
1	9,600.00	200.18	9,800.18	9,800.18
2	9,600.00	1,106.40	10,706.40	20,506.58
3	9,600.00	2,096.41	11,696.41	32,202.99
4	9,600.00	3,177.97	12,777.97	44,980.96
5	9,600.00	4,359.54	13,959.54	58,940.50
6	9,600.00	5,650.36	15,250.36	74,190.86
7	9,600.00	7,060.55	16,660.55	90,851.41
8	9,600.00	8,601.14	18,201.14	109,052.55
9	9,600.00	10,284.18	19,884.18	128,936.73
10	9,600.00	12,122.85	21,722.85	150,659.58
11	9,600.00	14,131.55	23,731.55	174,391.13
12	9,600.00	16,325.99	25,925.99	200,317.12
13	9,600.00	18,723.34	28,323.34	228,640.46
14	9,600.00	21,342.37	30,942.37	259,582.83
15	9,600.00	24,203.59	33,803.59	293,386.42
16	9,600.00	27,329.38	36,929.38	330,315.80
17	9,600.00	30,744.21	40,344.21	370,660.01
18	9,600.00	34,474.80	44,074.80	414,734.81
19	9,600.00	38,550.36	48,150.36	462,885.17
20	9,600.00	43,002.79	52,602.79	515,487.96
	192,000.00	**323,487.96**	**515,487.96**	

Gracias al ahorro extra la tasa de interés obtenida es del 168%, o dicho de otra manera, usted lograría que su dinero creciera 1.68 veces gracias al ahorro extra de fin de año y al interés compuesto.

Un punto muy importante a considerar en el interés compuesto es la tasa que se pueda conseguir para su ahorro, y un beneficio de este esquema es que usted puede cambiar de institución las veces que sea necesaria para mejorar la tasa que obtendré, si por ejemplo consigue una tasa del 5% pero al cabo de un par de años encuentra otro lugar con una tasa del 9% puede tomar su dinero y llevarlo ahí sin ningún problema, buscar las mejores condiciones para su ahorro le redituará en el mediano y largo plazo.

No importa cuál sea el objetivo, cuando se trata del uso del interés compuesto se debe de tener en cuenta conseguir las mejores condiciones en los siguientes puntos:

-Sólo el ahorro constante conseguirá la meta cualquiera que ésta sea
-Busque obtener la tasa más alta para su dinero
-Ubique bien la escala de tiempo para el logro de su objetivo

Tres sencillos pasos que mejoran de manera importantes en sus finanzas personales.

CAPÍTULO 7

EL VALOR EN EL MERCADO

Hasta aquí hemos llegado a un punto en donde lo aprendido probablemente le haga ver las cosas de un modo diferente, ahora trasladaremos estos conceptos a un lenguaje de negocios para conocer que en el mercado el valor es obtenido mediante el ACTIVO.

Por definición un activo es: El conjunto de todos los bienes y derechos con valor monetario que son propiedad de una empresa, institución o individuo, y que se reflejan en su contabilidad.

En muy pocas palabras un activo es todo aquello que genera valor para usted, valor que es representado por el dinero.

Partiendo de la definición de activo no hay que pensar que estamos tocando terrenos ajenos para alguien que no tiene estudios acerca de temas financieros o económicos, sepa que todos nosotros tenemos activo y durante nuestro día a día realizamos operaciones sobre él o con él estemos conscientes de ello o no.

Para una persona empleada que vende su trabajo su activo es la persona misma, éste activo será mejor valuado o conseguirá mayor valor dependiendo de la preparación que tenga o estudios especializados con los que cuente; para un pequeño negocio de tintorería su activo son tanto las máquinas que ayudan a llevar a cabo el trabajo o bien el equipo de transporte en caso de tener servicio a domicilio, así como las personas que trabajen ahí; en una gran empresa transnacional el activo pueden ser diversas fábricas ubicadas a lo largo y ancho del mundo con maquinaria altamente especializada además del capital humano con que cuente, incluso la tecnología o procesos que haya desarrollado. Los anteriores son ejemplos de activo que se pueden observar en cualquier lado, porque la esencia del activo es la misma sin importar el tamaño, lugar o tiempo: activo es aquello que produce valor (dinero) a nuestro favor.

Haga el siguiente ejercicio mental: Imagine que se le presentan un par de opciones de empresas de las cuales usted tiene que elegir una para comprar, la opción A es una fábrica cuya maquinaria ha presentado muchos problemas para operar debido a su antigüedad, además carece de líneas de producción adecuadas para cubrir las demandas de los clientes, el equipo de cómputo tiene una década de retraso en actualizaciones y hace falta personal para lograr las metas que se establecen.

Ahora se le presenta a usted la opción B que es una compañía líder en el mercado, su maquinaria son modelos recientes por lo que opera de manera eficiente, el personal está calificado y lleva un estricto control de calidad sobre los procesos, dada la información anterior,

¿Qué empresa considera usted que es el mejor activo?
¿Cuál le dará el mejor valor por su dinero?

En las finanzas personales ocurre la misma situación, en este caso la persona (empresa) que obtendrá mejores resultados en sus finanzas personales será aquélla que cuente con mejores activos para operar, es decir, una mejor preparación en la profesión u oficio, mejor administración del dinero que ingrese en su bolsillo, mejor selección en la inversión de sus ganancias, mayores activos que produzcan valor, por citar algunos ejemplos. Por tanto mientras cuente con mayores activos y sepa administrarlos de manera adecuada obtener valor de ellos será mucho más sencillo de lo que le pareció anteriormente.

Un activo puede tener vida propia siempre y cuando se administre de la manera correcta tomando en consideración las reglas que hasta el momento se han discutido, para ejemplificarlo considere el siguiente ejemplo:

Imagine un activo cuyo costo para adquirirlo es de 6,000 pesos, ya sea que estemos hablando de una micro o pequeña empresa o inclusive de un negocio personal; sobre este activo usted puede conseguir un 5% de ganancia al mes después de disminuir los costos y gastos, este dato de ingreso considérelo en promedio ya que habrá meses en los gane más y algunos en los que gane menos o que inclusive no gane, el objetivo a conseguir es lograr comprar un activo adicional igual por año una vez que se logre el capital necesario proveniente de las ganancias del propio activo de la empresa, este ejercicio se llevará a cabo a lo largo de 9 años.

Ganancia Mensual 5%	Año 0	Año 1	Año 2	Año 3	Año 4	Año 5	Año 6	Año 7	Año 8	Año 9	Año 10	Total
Activo 1	6,000	0	0	0	0	0	0	0	0	0	0	6,000
Ganancia	0	3,600	3,600	3,600	3,600	3,600	3,600	3,600	3,600	3,600	3,600	36,000
Activo 2	0	0	0	6,000	0	0	0	0	0	0	0	6,000
Ganancia	0	0	0	0	3,600	3,600	3,600	3,600	3,600	3,600	3,600	25,200
Activo 3	0	0	0	0	6,000	0	0	0	0	0	0	6,000
Ganancia	0	0	0	0	0	3,600	3,600	3,600	3,600	3,600	3,600	21,600
Activo 4	0	0	0	0	0	6,000	0	0	0	0	0	6,000
Ganancia	0	0	0	0	0	0	3,600	3,600	3,600	3,600	3,600	18,000
Activo 5	0	0	0	0	0	0	6,000	0	0	0	0	6,000
Ganancia	0	0	0	0	0	0	0	3,600	3,600	3,600	3,600	14,400
Activo 6	0	0	0	0	0	0	0	6,000	0	0	0	6,000
Ganancia	0	0	0	0	0	0	0	0	3,600	3,600	3,600	10,800
Activo 7	0	0	0	0	0	0	0	0	6,000	0	0	6,000
Ganancia	0	0	0	0	0	0	0	0	0	3,600	3,600	7,200
Activo 8	0	0	0	0	0	0	0	0	0	6,000	0	6,000
Ganancia	0	0	0	0	0	0	0	0	0	0	3,600	3,600
Activo 9	0	0	0	0	0	0	0	0	0	0	6,000	6,000
Saldo Ganancias	0	0	3,600	7,200	4,800	6,000	10,800	19,200	31,200	46,800	66,000	0
(+) Ganancias	0	3,600	3,600	3,600	7,200	10,800	14,400	18,000	21,600	25,200	28,800	136,800
(-) Compra Activo	6,000	0	0	6,000	6,000	6,000	6,000	6,000	6,000	6,000	6,000	54,000
(=) Utilidad/Pérdida	0	3,600	7,200	4,800	6,000	10,800	19,200	31,200	46,800	66,000	88,800	

Siguiendo la información que se presenta en la tabla se puede observar que el primero año, "año 0", se considera solamente para fines de mostrar el capital que se consiguió para iniciar el negocio para la adquisición del Activo 1, dicho capital se trabaja a lo largo del "año 1" y "año 2" hasta que se logra obtener una Utilidad de cuando menos 6,000 pesos, dicha utilidad se aplica en la obtención del Activo 2 en el "año 3" y que genera una utilidad similar sobre la base del 5% mensual en promedio, utilidad que se utilizará para comprar el siguiente Activo 3 y así sucesivamente año con año se adquiere un nuevo Activo gracias a las ganancias de los Activos previos que se adquirieron, así al final del período de 9 años que establecimos se contará con una cantidad de Activos en valor de 54,000 pesos y unas ganancias generadas de 136,800 pesos, todo lo anterior generado por un capital inicial de 6,000 pesos y una buena administración de los activos que este capital produce.

El punto importante de este ejercicio es hacerle ver que un activo puede producir utilidades o ganancias de un modo en que se reproducen así mismas, imagine usted que nos encontramos en el año 9, a partir de ahí con la sola administración de los activos se estaría generando una utilidad total de 32,400 pesos anuales, mientras mantenga sus activos trabajando y realice una buena administración, dichas utilidades se vuelven infinitas con el tiempo.

Sobre los datos del ejemplo anterior considere que su objetivo cambia y ahora busca obtener la mayor cantidad de activos posibles una vez que las utilidades lo permitan, esto se vería de la siguiente manera:

Ganancia Mensual 5%	Año 0	Año 1	Año 2	Año 3	Año 4	Año 5	Año 6	Año 7	Año 8	Año 9	Total
Activo 1	6,000	0	0	0	0	0	0	0	0	0	6,000
Ganancia	0	3,600	3,600	3,600	3,600	3,600	3,600	3,600	3,600	3,600	32,400
Activo 2	0	0	0	6,000	0	0	0	0	0	0	6,000
Ganancia	0	0	0	0	3,600	3,600	3,600	3,600	3,600	3,600	21,600
Activo 3	0	0	0	0	6,000	0	0	0	0	0	6,000
Ganancia	0	0	0	0	0	3,600	3,600	3,600	3,600	3,600	18,000
Activo 4	0	0	0	0	6,000	0	0	0	0	0	6,000
Ganancia	0	0	0	0	0	3,600	3,600	3,600	3,600	3,600	18,000
Activo 5	0	0	0	0	0	6,000	0	0	0	0	6,000
Ganancia	0	0	0	0	0	0	3,600	3,600	3,600	3,600	14,400
Activo 6	0	0	0	0	0	6,000	0	0	0	0	6,000
Ganancia	0	0	0	0	0	0	3,600	3,600	3,600	3,600	14,400
Activo 7	0	0	0	0	0	0	6,000	0	0	0	6,000
Ganancia	0	0	0	0	0	0	0	3,600	3,600	3,600	10,800
Activo 8	0	0	0	0	0	0	6,000	0	0	0	6,000
Ganancia	0	0	0	0	0	0	0	3,600	3,600	3,600	10,800
Activo 9	0	0	0	0	0	0	6,000	0	0	0	6,000
Ganancia	0	0	0	0	0	0	0	3,600	3,600	3,600	10,800
Activo 10	0	0	0	0	0	0	6,000	0	0	0	6,000
Ganancia	0	0	0	0	0	0	0	3,600	3,600	3,600	10,800
Activo 11	0	0	0	0	0	0	0	6,000	0	0	6,000
Ganancia	0	0	0	0	0	0	0	0	3,600	3,600	7,200
Activo 12	0	0	0	0	0	0	0	6,000	0	0	6,000
Ganancia	0	0	0	0	0	0	0	0	3,600	3,600	7,200
Activo 13	0	0	0	0	0	0	0	6,000	0	0	6,000
Ganancia	0	0	0	0	0	0	0	0	3,600	3,600	7,200
Activo 14	0	0	0	0	0	0	0	6,000	0	0	6,000
Ganancia	0	0	0	0	0	0	0	0	3,600	3,600	7,200
Activo 15	0	0	0	0	0	0	0	6,000	0	0	6,000
Ganancia	0	0	0	0	0	0	0	0	3,600	3,600	7,200
Activo 16	0	0	0	0	0	0	0	6,000	0	0	6,000
Ganancia	0	0	0	0	0	0	0	0	3,600	3,600	7,200
Saldo Ganancias		0	3,600	7,200	4,800	0	2,400	0	0	57,600	
(+) Ganancia	0	3,600	3,600	3,600	7,200	14,400	21,600	36,000	57,600	57,600	205,200
(-) Compra Activos	6,000	0	0	6,000	12,000	12,000	24,000	36,000	0	0	96,000
(=) Utilidad Pérdida	0	3,600	7,200	4,800	0	2,400	0	0	57,600	115,200	

43

En el primer ejercicio solamente se llevaba a cabo la compra de un activo por año, en el presente se realiza la compra de un número de activos que las utilidades generadas permitan, de esta manera a partir del "año 4" se compra más de un activo, que en este caso son 2, para el siguiente año se dispone de utilidades para la compra de 2 activos, para el siguiente año la cifra de activos que se pueden comprar sube a 4, para el "año 7" sube a 6 activos y ya para el "año 8" esta cantidad llega a 9 activos de un año para otro. Lo anterior parece algo sorprendente pero lo que hace la diferencia es el hecho de adquirir activos y ponerlos a trabajar con una buena administración, lo que resulta en un crecimiento exponencial.

En nuestro ejemplo dejamos de adquirir activos en el "año 8" y al final del mismo la cifra de activos que podríamos adquirir subió a 9 considerando el hecho de que el usted ha decidido detener el crecimiento.

Piense en el crecimiento exponencial como en un campo en el cual usted siembra semillas de alguna fruta, cada semilla al convertirse en fruta trae dentro de sí muchas más semillas las cuales dan la oportunidad de sembrar más de lo que se cosechó y el ciclo se repite sucesivamente, lo mismo ocurre con un activo.

En el capítulo anterior se detalló las diversas formas de activo que pueden existir, podemos englobar en esos rubros los tipos de activo que una persona puede desarrollar aunque no son los únicos que existen.

La contraparte del activo es el pasivo el cual se define como: valor monetario total de las deudas y compromisos que gravan una empresa, institución o individuo, y que se reflejan en su contabilidad.

En contrasentido al activo, el pasivo es todo aquello que haga salir valor de nuestro patrimonio. En los siguientes capítulos profundizaremos sobre el concepto de la deuda.

Dicho lo anterior sabremos que contar con una cantidad mayor de activo que de pasivo es benéfico para las finanzas personales y que la situación inversa derivará en un desastre financiero, esta es una regla financiera que nadie puede eludir.

Volviendo al ejemplo de la compañía a adquirir ahora considere que la empresa de la opción A no tiene ninguna deuda y que la compañía de la opción B tiene deudas en un monto que es 10 veces su activo. ¿Aún estaría interesado en comprar la opción B?

Con esto se busca ejemplificar la importancia de los activos pero además la relación que los mismos guarden con los pasivos, por lo tanto en el siguiente capítulo se aborda el aspecto de la deuda.

CAPITULO 8

LA DEUDA

Considero apropiado dedicar una parte importante de este libro a analizar el tema de la deuda así como a su inseparable compañero el interés, esto porque la deuda es uno de los peores enemigos de su patrimonio sin importar cuál sea el monto de éste.

Es importante que usted tenga en mente que una deuda no es mala por sí misma, todo el mundo tiene deudas, desde el más pobre hasta el magnate más rico del mundo (si, ese que ambos estamos pensando), el problema con la deuda es que es un arma de doble filo, así como nos puede ayudar a desarrollar el valor de nuestro patrimonio de igual manera puede acabar con él, por esto es importante que usted aprenda a conocerla bien para evitar tener problemas con ella.

¿Qué es la Deuda?

Antes de adentrarnos más en el análisis de las deudas debe de considerar un aspecto de suma importancia.

Tener una deuda en un momento dado no es otra cosa que el reconocimiento del nivel de gastos que usted no puede sufragar con su ingreso, es decir, que si usted tiene una deuda en pocas palabras es debido a que gasta o gastó más de lo que ingreso de valor en algún momento dado.

Más adelante veremos el impacto de una deuda en sus finanzas personales y cómo éstas golpean con un mayor impacto gracias al concepto de los intereses, el punto en esencia que debemos de reconocer es que uno mismo es responsable de la obtención de deuda; es posible que usted tenga una deuda debido a gastos de hospital por una enfermedad de gravedad, o bien tiene una deuda por la compra de un automóvil, o la deuda que tiene fue para sufragar los gastos de sus pasadas vacaciones, y aunque el origen de una deuda por el pago de hospital o por el pago de unas vacaciones son situaciones muy diferentes, en ambos casos usted tiene la responsabilidad con su acreedor de cubrir esas erogaciones que realizó vía deuda dado que el monto a pagar sobrepasaba su ingreso. Sobre este punto considere lo comentado en el Capítulo 1, en especial el aspecto de los gastos innecesarios.

Tomar responsabilidad absoluta en el reconocimiento y el manejo de su deuda es el primer paso para poder terminar con ella, estar consciente que la deuda crece al ser alimentada por sus propias acciones le ayudará a ver que de igual manera ese poder puede actuar en contrario, es decir, poder pagarla por completo. Más delante en el Capítulo 10 "Crédito al Consumo" tocaremos el tema de un esquema conveniente para el pago de deudas.

La primer cuestión importante cuando se toca el tema de la deuda es lo relativo a conocer cuál es el monto adecuado de endeudamiento, la carga de deuda que una persona puede adquirir debe ser invariablemente determinado por el nivel de ingreso que obtiene, de otro modo solamente se producirá un desastre financiero.

Cuando usted planea hacer una operación financiera con cargo a una deuda debe tener en mente el tiempo que le tomará pagarla además del nivel de pagos que requerirá hacer durante ese periodo. Considere una situación en la que una persona obtiene un ingreso de 10,000 pesos al mes y quiere conocer su nivel óptimo de endeudamiento. En este caso la persona no quiere que pase más de un año para liquidar la totalidad de la deuda y está dispuesta a realizar pagos mensuales importantes para hacerlo.

Para conocer cuánto dinero pueda pagar a una deuda se debe de llevar a cabo una simple lista con todos los gastos fijos que son necesarios al mes, una vez que tenga éstos conceptos enlistados sume la cantidad y dicho monto réstelo de su ingreso mensual, en el caso de nuestro ejemplo la persona necesita gastar 6,500 pesos mensuales para cumplir con todas sus necesidades de techo, comida, entretenimiento, etc., la diferencia de 3,500 pesos con respecto de sus ingresos es dinero que no tiene un fin específico, por lo tanto puede disponer de él para un pago de deuda, en este caso se opta por separar la mitad de los 3,500 pesos, es decir, 1,750 pesos para pagar deudas, por lo tanto relacionándolo con el período de un año que la persona quiere tomar para pagar la deuda solo hay que multiplicar la cantidad mensual de 1,750 pesos por los 12 meses del año que es igual a 21,000 pesos, éste será su nivel de endeudamiento máximo para ese año, obviamente las cantidades son variables acorde a los planes de cada persona, si el plazo varía de uno a dos años entonces la cantidad a endeudar sería de 42,000 pesos, claro que además del monto óptimo de endeudamiento tiene que considerar el cobro de intereses al que estará sujeta la deuda.

Aquí es importante que usted considere que aún y cuándo cuente con capacidad de endeudamiento, durante la vida cotidiana suelen ocurrir circunstancias imprevistas que ocasionan gastos que no se tenían contemplados como lo pueden ser: reparaciones mecánicas a su automóvil, enfermedades imprevistas, compromisos sociales, por lo que lo más adecuado es considerar una cantidad bajo el rubro de "imprevistos" (o cualquier otro nombre que usted prefiera) cuando enliste sus gastos fijos para apoyarse en este fondo para cualquier tipo de eventualidad, el monto como siempre estará marcado de acuerdo a su nivel de ingresos y de igual manera al monto del gasto que puede ocurrir, es decir, si su fondo para gastos imprevisto es para gastos de doctor es de un monto de 200 pesos mensuales pero sabe que los honorarios del doctor son de 600 pesos por cada consulta (más las posibles medicinas) es posible que su fondo no le sirva de mucho, esto no es otra cosa que engañarse a sí mismo.

Volviendo al punto del nivel de endeudamiento, para fines mucho más prácticos establezca un porcentaje de endeudamiento y respételo, muchos expertos marcan un porcentaje del 20% del total de los ingresos como suficiente para lograr una deuda sana y pagable, esto por supuesto es solamente una sugerencia y no un nivel fijo a seguir, hay que tener siempre en mente que en lo que respecta a las finanzas personales cada ingreso es un mundo y por lo tanto lo que funciona para alguien en cuestión de cantidades o porcentajes no funciona para los demás.

La Deuda y el Interés

Cuando evalúa una deuda usted debe familiarizarse con el concepto de interés. El interés representa el gasto de adquirir una deuda, normalmente es un porcentaje a cobrar sobre el monto de la deuda contratada, su razón de ser es en primera instancia asegurar que el dinero no pierda su valor debido a la inflación y una vez logrado esto, obtener una ganancia por el hecho de prestar el dinero.

Hoy en día existen en el mercado de los prestamos innumerable cantidad de instrumentos financieros con diferentes nombres y esquemas de cobro de intereses; lo importante al hacer una evaluación sobre qué financiamiento es mejor, hablando de intereses, es el dato final que usted obtenga al hacer la suma de todos los intereses pagados en el tiempo de vida del préstamo, cuando quiera conocer el gasto final de un préstamo, usted no tiene necesidad de prestar atención al tipo de esquema, nombre de tasa o cualquier otro dato, simplemente lo que tiene que hacer es realizar una suma de los intereses (y otros gastos, comisiones e impuestos adicionales) que pagaría para después poder conocer el monto del gasto, así de sencillo.

Quiero recalcar el párrafo anterior porque en ocasiones cuando solicitamos información acerca de una deuda se nos ofrecen cálculos o términos financieros fuera de nuestra comprensión y que además no analizamos a profundidad, normalmente solo evaluamos información proporcionada por nuestro prestamista acerca de tasas o porcentajes y en ocasiones ni siquiera eso. Si usted lleva a cabo el simple análisis comentado en el párrafo anterior se entrenará a sí mismo, entonces cuando vea que los porcentajes a pagar por concepto de interés no suelen ser los que su prestamista dice que es, y no porque sea un plan engañoso (muchas de las veces si lo es) sino porque hay aspectos como comisiones o impuestos que no son tomados en cuenta pero que pueden hacer una diferencia importante.

Si usted ha adquirido una deuda, tenga en mente que esto quiere decir que ha adelantado el ingreso que obtendrá en el futuro, digo esto porque la manera en que usted pagará dicho préstamo es mediante la obtención del ingreso que espera recibir más adelante.

Además de lo anterior considere que el dinero que pida prestado viene con un accesorio que es el interés que hace que el monto que usted solicitó sea mayor al momento de pagarlo, y si a esto le agregamos el concepto de la inflación, esto quiere decir que usted al momento de tomar una deuda la estará pagando aumentada por el efecto del interés con dinero que pierde su valor adquisitivo con el paso del tiempo. Por lo tanto debe de ser cauto al momento de pensar en adquirir una deuda.

Es indudable que todo el mundo necesita hacer uso de la deuda, sin embargo lo que le hará tener mayor o menor valor en su patrimonio es el destino para el cual usted se está endeudado. No es lo mismo tener una deuda para la compra de una maquinaria que le servirá en su trabajo y por lo tanto, le ayudará a generar dinero para pagar la misma deuda, que tener una deuda por la compra de una casa o de un carro, o una deuda por crédito al consumo, por lo tanto comenzaremos a evaluar los diferentes tipos de deuda que son más comunes, pero antes de ello analizaremos el interés calculado sobre saldos insolutos, la manera más usada de cobrar intereses en cualquier tipo de deuda.

CAPÍTULO 9

INTERÉS SOBRE SALDOS INSOLUTOS

A continuación veremos lo más claramente posible el instrumento financiero de cálculo de intereses sobre saldos insolutos, es de suma importancia comprenderlo ya que es el método más usado para determinar intereses al momento de tomar una deuda.

Adquirir un préstamo sobre saldos insolutos quiere decir que los intereses se van calculando conforme al saldo remanente de cada mes, cada pago mensual hace disminuir el saldo adeudado y sobre ese saldo se calculan los nuevos intereses, de esta manera los intereses "disminuyen" en cada nuevo cálculo mensual.

Tener un crédito en que los intereses son menores después de cada pago mensual pareciera ser lo mejor utilizando el sentido común, pero pensando más a fondo ¿nunca se ha puesto a pensar por qué se realizan los préstamos utilizando este esquema? Desde mi punto de vista sería mucho más práctico para las partes acordar una tasa de interés durante la vida del préstamo, así tanto el deudor como el acreedor conocerían de antemano el total del interés a pagar así como el capital del mismo evitando hacer cálculos mensuales nuevos cada mes para conocer el interés a cobrar.

Por ejemplo si usted adquiere una deuda a 3 años por un monto de 50,000 pesos por la que el banco le cobraría una tasa de interés del 20%, usted al final de su adeudo estaría pagando un monto total de 60,000 pesos, 50,000 pesos de la deuda y 10,000 pesos de intereses (50,000 x 20% =10,000), sin embargo en la realidad los bancos no suelen manejar el cobro de intereses de este modo sino utilizando el esquema de saldos insolutos, las respuesta del porqué de esto se muestran muy claras después de analizar detalladamente un cálculo de interés sobre saldos insolutos.

Partiremos de los supuestos del párrafo anterior, la adquisición de una deuda a 3 años por un monto de 50,000 pesos con una tasa de interés anual del 20%.

Para llevar a cabo el cálculo de los intereses sobre saldos insolutos se utiliza una fórmula en la que se multiplica el saldo insoluto en cada mes (SI) por la tasa de interés (TI) el producto de esta operación se divide entre 365 para así determinar el interés diario (ID), dicho monto se multiplica por los días del mes (D) que transcurrieron para finalmente obtener el interés total del mes (IM)

$$\frac{(SI)*(TI)}{365} * (D) = IM$$

La fórmula descrita anteriormente no implica cálculos sofisticados, tan sólo se necesita algo de sentido común para comprender que lo que se está haciendo es determinar un interés diario sobre el saldo que adeuda de préstamo.

A continuación se desarrollan los cálculos necesarios para mostrar el desarrollo del préstamo y poder evaluar este tipo de esquema de adeudo:

Mes	Saldo Insoluto (SI)	Interés Diario (ID)	Interés Mensual (IM)	Pagos a Capital	Pago Total
1	50,000.00	27.40	821.92	1,030.08	1,852.00
2	48,969.92	26.83	804.98	1,047.02	1,852.00
3	47,922.90	26.26	787.77	1,064.23	1,852.00
4	46,858.68	25.68	770.28	1,081.72	1,852.00
5	45,776.96	25.08	752.50	1,099.50	1,852.00
6	44,677.45	24.48	734.42	1,117.58	1,852.00
7	43,559.88	23.87	716.05	1,135.95	1,852.00
8	42,423.93	23.25	697.38	1,154.62	1,852.00
9	41,269.31	22.61	678.40	1,173.60	1,852.00
10	40,095.71	21.97	659.11	1,192.89	1,852.00
11	38,902.82	21.32	639.50	1,212.50	1,852.00
12	37,690.32	20.65	619.57	1,232.43	1,852.00
13	36,457.88	19.98	599.31	1,252.69	1,852.00
14	35,205.19	19.29	578.72	1,273.28	1,852.00
15	33,931.91	18.59	557.78	1,294.22	1,852.00
16	32,637.69	17.88	536.51	1,315.49	1,852.00
17	31,322.20	17.16	514.89	1,337.11	1,852.00
18	29,985.09	16.43	492.91	1,359.09	1,852.00
19	28,625.99	15.69	470.56	1,381.44	1,852.00
20	27,244.56	14.93	447.86	1,404.14	1,852.00
21	25,840.41	14.16	424.77	1,427.23	1,852.00
22	24,413.19	13.38	401.31	1,450.69	1,852.00
23	22,962.50	12.58	377.47	1,474.53	1,852.00
24	21,487.96	11.77	353.23	1,498.77	1,852.00
25	19,989.19	10.95	328.59	1,523.41	1,852.00
26	18,465.78	10.12	303.55	1,548.45	1,852.00
27	16,917.33	9.27	278.09	1,573.91	1,852.00
28	15,343.42	8.41	252.22	1,599.78	1,852.00
29	13,743.64	7.53	225.92	1,626.08	1,852.00
30	12,117.56	6.64	199.19	1,652.81	1,852.00
31	10,464.76	5.73	172.02	1,679.98	1,852.00
32	8,784.78	4.81	144.41	1,707.59	1,852.00
33	7,077.19	3.88	116.34	1,735.66	1,852.00
34	5,341.52	2.93	87.81	1,764.19	1,852.00
35	3,577.33	1.96	58.81	1,793.19	1,852.00
36	1,784.14	0.98	29.33	1,784.14	1,813.46
			16,633.46	50,000.00	66,633.46

Al final del adeudo usted habrá desembolsado una cantidad total de 66,633.46 pesos para cubrir el monto del capital así como los respectivos intereses, aquí es donde se pone interesante, dado que a pesar de que los intereses van disminuyendo conforme pasan los meses, el total de intereses que pagaría representa un 33% sobre el monto del crédito (16,633.46 / 50,000 = 0.33 * 100) aceptar un 33% de interés sobre un préstamo puede representar un monto importante en las finanzas de cualquier persona.

Normalmente cuando a usted le presentan la opción para la adquisición de una deuda le hacen entrega de una tabla como la mostrada previamente la cual es conocida como tabla de amortización para que se pueda evaluar si el préstamo que le ofrecen es conveniente o no, y como se mencionó en un capítulo anterior usted lo único que debe de hacer para evaluar un préstamo cualquiera es ver la proporción de los intereses que se va a obligar a pagar respecto del monto del préstamo, que en este caso es de un 33%, no importa si le dicen que los intereses van bajando o bien que la tasa de interés es atractiva o no de acuerdo al mercado, lo importante es evaluar si un 33% de interés es atractivo o no en relación a sus finanzas personales.

Si a usted no se le presenta un detalle de la información del adeudo como la tabla anterior, aún puede conocer el monto de los intereses que tendrá que pagar, para ello sólo tiene que comparar lo que pagaría por el préstamo mensualmente sin intereses, en este caso 1,388.89 pesos (50,000 / 36 meses = 1,388.89) y compararlo con el monto que mensualmente debe de pagar de 1,852 pesos.

Pago mensual total	Pago mensual s/intereses	Diferencia	(x) Meses		Intereses Totales
1,852.00	1,388.89	463.11	36	=	16,672.00

Se puede conocer de manera muy práctica el total de los intereses que pagaría para después ver qué proporción representan del adeudo que tendrá y así estar en posibilidad de tomar una buena decisión financiera.

Iremos más a fondo en el análisis del cálculo de un interés compuesto, para ello vamos a pensar en cada uno de los 1,000 pesos que usted pidió prestado, es decir, 50 montos de 1,000 pesos cada uno para dar un total de 50,000 pesos.

Como vimos una tasa del 20% anual sobre saldos insolutos genera una tasa efectiva o real del 33% sobre el monto de préstamo de nuestro ejemplo, pero este porcentaje es sobre montos totales y en promedio, lo que quiero decir es que viéndolo de esa manera no es posible determinar a primera instancia qué monto de intereses genera cada uno de los mil pesos que pide prestado.

Cuando se aplica la fórmula del interés compuesto se puede apreciar cuánto se paga de interés por cada mil pesos que se pide de préstamo, esto es $(1,000 * 20\% = 200 / 365 = 0.547945 * 30 = 16.44)$ 16.44 pesos de interés se estarán generando por cada 1,000 pesos por cada mes que usted adeude, pero como sabe el monto de la deuda disminuye cada mes conforme se realiza la parte correspondiente de pagos al capital, por lo tanto es necesario analizar a detalle la manera en cómo cada uno de los 1,000 pesos que pidió prestado genera los intereses, a continuación se muestran los resultados resumidos para fines de análisis:

	Deuda	Total Intereses	Tasa
1	1,000.00	32.88	3%
2	1,000.00	32.38	3%
3	1,000.00	48.05	5%
4	1,000.00	63.43	6%
5	1,000.00	78.53	8%
6	1,000.00	93.33	9%
7	1,000.00	107.83	11%
8	1,000.00	122.04	12%
9	1,000.00	135.93	14%
10	1,000.00	149.52	15%
11	1,000.00	164.38	16%
12	1,000.00	179.22	18%
13	1,000.00	192.17	19%
14	1,000.00	204.79	20%
15	1,000.00	217.07	22%
16	1,000.00	230.14	23%
17	1,000.00	245.46	25%
18	1,000.00	257.06	26%
19	1,000.00	268.03	27%
20	1,000.00	279.45	28%
21	1,000.00	295.51	30%
22	1,000.00	306.04	31%
23	1,000.00	316.21	32%

24	1,000.00	328.77	33%
25	1,000.00	342.44	34%
26	1,000.00	351.86	35%
27	1,000.00	361.64	36%
28	1,000.00	377.33	38%
29	1,000.00	385.96	39%
30	1,000.00	394.52	39%
31	1,000.00	410.64	41%
32	1,000.00	418.48	42%
33	1,000.00	427.40	43%
34	1,000.00	442.34	44%
35	1,000.00	449.34	45%
36	1,000.00	460.27	46%
37	1,000.00	472.35	47%
38	1,000.00	478.50	48%
39	1,000.00	493.15	49%
40	1,000.00	500.64	50%
41	1,000.00	509.59	51%
42	1,000.00	522.34	52%
43	1,000.00	527.15	53%
44	1,000.00	542.47	54%
45	1,000.00	547.93	55%
46	1,000.00	558.90	56%
47	1,000.00	568.25	57%
48	1,000.00	575.34	58%
49	1,000.00	575.34	58%
50	1,000.00	575.34	58%
	50,000.00	**16,617.73**	

A partir de la información anterior se puede observar que los primeros importes de 1,000 pesos no generan montos importantes de intereses, la razón de esto es que no pasa mucho tiempo antes de que sean liquidados, caso contrario cuando se observan los últimos montos en ser liquidados, los cuales generan una tasa mayor al 50% en la vida del adeudo.

En la primera mitad del total del adeudo, es decir, los primeros 25 montos de 1,000 pesos se genera una tasa de interés de 19% en promedio, pero en la segunda parte de los importes la tasa sube hasta un 46% de interés también en promedio.

En este punto no olvide que es un uso general de los bancos cobrar cuotas por apertura de créditos que generalmente son un pequeño porcentaje de un dígito sobre el monto del préstamo, lo que esto ocasiona será un aumento en los intereses a pagar ya que también esta comisión es una cantidad que le descontaron (prestaron) y que debe de pagar.

En el caso de nuestro ejemplo si se aplica una cuota por apertura del 2% estaríamos hablando de un importe de 1,000 pesos adicionales a pagar con el respectivo interés, si a esto se añaden los impuestos en tasa del 16% correspondiente a los intereses, la tasa efectiva a pagar pasaría de un 33% a un 38%.

Ahora imagine que cuando acude a su banco le especifican el interés que usted pagará por cada 1,000 pesos, si esto fuera así usted vería las cosas desde una óptica distinta por lo que se analizó en este capítulo.

Viendo los números del modo en que se han descrito uno entiende por qué hacer préstamos sobre saldos insolutos resulta ser un muy buen negocio sin importar la molestia de realizar estos cálculos mensualmente, la diferencia del costo/beneficio es abrumadora.

Tome en consideración los aspectos que se han detallado en el presente capítulo, conocer el proceso de los intereses sobre saldos insolutos le hará entender de mejor manera cómo puede perder o conservar el valor obtenido cuando se adquiere una deuda.

CAPÍTULO 10

CRÉDITO AL CONSUMO

Comenzaremos por analizar lo referente a las deudas por consumo, o dicho de otra manera el crédito al consumo, en este tipo de crédito podemos considerar gastos en restaurantes, diversión, ropa o artículos diversos que no implican un desembolso importante al adquirirlos, aunque si no se tiene un control efectivo de los mismos en ocasiones pueden representar importes tan altos como una deuda por la adquisición de un carro o una casa.

Este tipo de deuda se adquiere principalmente por el uso de las tarjetas de crédito bancarias. Por las compras que usted haga con ellas el banco le cobrará un interés; usted adquiere artículos o realiza gastos mediante la tarjeta y una vez que el banco realice el corte del mes le hará llegar su estado de cuenta con un resumen de las compras que llevó a cabo más el interés correspondiente.

Una administración financiera personal sana indica que al momento de hacer el pago del corte bancario éste debe de ser por el total de las compras hechas, sin embargo un error que normalmente se comete es pagar solamente los montos mínimos que solicita el banco, aunque el peor error es que además de hacer pagos mínimos se sigue utilizando el crédito para realizar gastos o compras, esto no hace más que agrandar la deuda como una bola de nieve e inclinar más la cuesta sobre la cual desciende para golpear de lleno su patrimonio.

Como mencioné al principio de este capítulo la deuda siempre vendrá acompañada del interés, por lo tanto comenzaremos por evaluar las tasas de interés que le cobran en los bancos, la misma se puede observar en un estado de cuenta de cualquier mes y puedo asegurarle que la tasa que su banco le cobra por prestarle dinero para el consumo es de al menos un 30% en términos anuales aunque en el mercado dicha tasa en general se ubica entre un 30% y 40%.

El efecto que el interés tiene sobre nuestros consumos hace que suban su valor y por lo tanto la deuda que debemos, imaginemos la siguiente situación hipotética:

	Anual
Ingreso	100,000
5% del ingresos destinado para crédito al consumo	5,000
Consumo de bienes	5,000
30% Intereses bancarios	1,500

Los supuestos del cuadro anterior son de un ingreso personal de 100,000 pesos al año lo cual da un promedio de ingreso mensual de 8,300 pesos, a partir de ahí usted decide destinar en la administración de sus finanzas personales un 5% de dicho ingreso para gastar en consumos a través de su tarjeta de crédito.

Analizando la información podemos decir que si durante un año se gasta en bienes de consumo un monto de 5,000 pesos el banco le cobraría 1,500 pesos por concepto de intereses. Esto hace que en lugar de pagar 5,000 pesos al año en crédito al consumo usted debe de gastar 6,500 pesos, es decir 1,500 pesos adicionales para cubrir el costo de los intereses.

Esos 1,500 pesos adicionales es dinero que no volverá a ver pero que al banco le será muy grato recibir, ¿Por qué digo esto?

Piense por ejemplo que si usted gasta esos 5,000 pesos en ropa, usted puede usar y ver esa ropa que le costó 5,000 pesos, pero no puede usar ni ver el gasto de los intereses que le cobraron, o visto de otra manera, usted gasto 6,500 pesos por artículos que valen 5,000 pesos, es decir, que pago más por ellos, esto no es una acción inteligente en términos financieros, recuerde que la tasa de interés que el banco le cobra es del 30% por lo que usted está pagando 30% más por los artículos que adquiere al usar su tarjeta de crédito. Llevando a cabo esta acción usted estaría no sólo llevando a cabo un gasto que disminuye el valor de su patrimonio sino que aumenta esa disminución por los intereses a pagar

De esta manera podemos observar lo que ya se había comentado con antelación. Los intereses aumentan el gasto de los bienes que compramos vía crédito bancario de una manera muy importante.

Razón del 50%

Acabamos de ver que utilizar el crédito al adquirir bienes de consumo no es la opción acertada para sus finanzas personales, lo más acertado financieramente hablando sería no utilizar el crédito para adquirir bienes o servicios de consumo, si por razones que usted considera apropiadas considera seguir utilizando el crédito bancario o de momento no cuenta con otra opción a continuación aprenderá a bajar el monto que paga de intereses cuando lo utiliza mediante lo que he denominado la razón del 50%.

Partiendo del ejemplo anterior imagine usted que en lugar de gastar la misma cantidad vía crédito bancario solamente gasta la mitad por ésta vía y la otra mitad la paga en efectivo al momento de realizar el gasto, su cuadro quedaría como sigue:

	Anual	Anual Razón 50%
Ingreso	100,000	100,000
5% para crédito al consumo	5,000	5,000
Adquisición de bienes en efectivo	0	2,500
Adquisición de bienes vía crédito	5,000	2,500
30% Intereses bancarios	1,500	750

Usted ha disminuido el gasto que paga en intereses en un 50% a pesar de que el banco cobra el mismo porcentaje de interés, esto es gracias a que usted solamente pide prestado vía crédito la mitad para su consumo.

Si usted le parece un porcentaje alto pagar el 50% de su consumo en el momento de hacer la compra puede optar por pagar un tercio del mismo, en este caso considerando los números del ejemplo previo su interés bajaría a 1,050 pesos, en ese caso usted habrá bajado sus gastos por interés un 33% como puede observar a continuación:

	Anual	Anual Razón 50%	Anual Pago 1/3
Ingreso	100,000	100,000	100,000
5% para crédito al consumo	5,000	5,000	5,000
Adquisición de bienes en efectivo	0	2,500	1,666
Adquisición de bienes vía crédito	5,000	2,500	3,333
30% Intereses bancarios	1,500	750	1,000

Obviamente lo mejor sería no depender del crédito para el consumo y pagar solamente lo que uno esta financieramente posibilitado a gastar, pero si aplica este sencillo esquema de crédito tendrá las siguientes ventajas:

- Le ayudará a bajar sus gastos por interés.
- Pensará dos veces antes de gastar en algún consumo innecesario dado que tiene que pagar la mitad (o el porcentaje que usted determine) en ese momento
- Ahorrarle dinero hace que su patrimonio se vea afectado en menor medida y por lo tanto pueda crecer con mayor facilidad.

Pagos crecientes

Si actualmente tiene una o varias deudas en tarjetas de crédito, mi sugerencia es simple, lo primero es obvio, deje de utilizar la(s) tarjeta(s) de crédito, éste paso es muy importante, más de lo que usted cree, cuando deja de alimentar aquello que lo perturba esto comenzará a perder fuerza por lo que es factible acabar con él.

Establezca con precisión las deudas y sus importes en un listado de la menor a la mayor, este paso puede ser el más doloroso al ver de frente y de manera objetiva con números fríos las cantidades adeudadas. Este paso tiene además otro objetivo, le ayudará a aplicar la estrategia para terminar de una vez por todas con ellas.

El siguiente paso para la eliminación de una o varias deudas es establecer el importe del cual usted puede disponer para cumplir con sus obligaciones de pago, es decir, realizar la lista de sus gastos como se mencionó en el Capítulo 7, éste importe es el remanente que tiene disponible una vez que ha disminuido sus gastos de sus ingresos y servirá para el pago de sus deudas, si el monto remanente no es lo suficiente en comparación a las deudas a pagar, usted aún cuenta con opciones: la primera de ellas consiste en crear mayor flujo de dinero creando otra fuente de ingresos dedicada específicamente a acabar con las deudas, además de aplicar los esquemas aquí propuestos, o bien, recortando gastos innecesarios de los que puede prescindir, ambas soluciones son plausibles, pero en el caso de llevar a cabo ambas, su deuda se verá reducida más rápido de lo que usted cree.

Es probable que usted tenga más de un par de adeudos ya sea bancarios o de tarjetas departamentales, incluso de préstamos familiares, el siguiente paso es que no trate de acabar con todas al mismo tiempo, véalo como una "guerra" en la que usted debe defender su patrimonio.

Después de que estableció las cantidades que puede destinar al pago de sus deudas, hipotéticamente hablando digamos que un 20% de sus ingresos, concéntrese en un frente contra el enemigo más pequeño, es decir la deuda de menor monto mientras en las demás deudas paga el mínimo necesario para evitarle problemas, siendo así digamos que de su 20% remanente para el pago de deudas usted aplica un 5% para pagar el mínimo de su deuda mayor y otro 5% para el pago mínimo de la siguiente deuda en creciente, el restante 10% lo aplica al pago de la deuda menor hasta agotarla, una vez liquidada la primer deuda usted continuará haciendo sus pagos con el mismo monto (20%) pero ahora usted aplicaría 5% para pagar el mínimo de la deuda mayor pero ahora 15% para el pago de la siguiente deuda y una vez terminada ésta usted contará con un 20% de su dinero a pagar totalmente la deuda mayor, cada deuda liquidada será una conquista para sus finanzas personales, con este esquema terminar con sus deudas es sólo cuestión de tiempo.

Observe en la siguiente tabla cómo opera este esquema en comparación con pagos proporcionales que suman 2,000 mil pesos cuando se tienen 3 deudas de diferente importe:

		Pagos Proporcionales			
	Tasa Interés	4%	8%	10%	
Mes		Deuda 1	Deuda 2	Deuda 3	Total
1	Importe	8,000	3,500	5,000	16,500
	Interés	320	280	500	1,100
	Pago	667	667	667	2,000
2	Importe	7,653	3,113	4,833	15,600
	Interés	306	249	483	1,039
	Pago	667	667	667	2,000
3	Importe	7,293	2,696	4,650	14,639
	Interés	292	216	465	972
	Pago	667	667	667	2,000
4	Importe	6,918	2,245	4,448	13,611
	Interés	277	180	445	901
	Pago	667	667	667	2,000
5	Importe	6,528	1,758	4,227	12,512
	Interés	261	141	423	824
	Pago	667	667	667	2,000
6	Importe	6,122	1,232	3,982	11,336
	Interés	245	99	398	742
	Pago	667	180	667	1,513
7	Importe	5,701	1,150	3,714	10,565
	Interés	228	92	371	691
	Pago	667	667	667	2,000
8	Importe	5,262	575	3,419	9,256
	Interés	210	46	342	598
	Pago	690	621	690	2,000
9	Importe	4,783	0	3,071	7,854
	Interés	191	0	307	498
	Pago	1,000	0	1,000	2,000
10	Importe	3,974	0	2,378	6,352
	Interés	159	0	238	397
	Pago	1,000	0	1,000	2,000
11	Importe	3,133	0	1,616	4,749
	Interés	125	0	162	287
	Pago	1,000	0	1,000	2,000
12	Importe	2,258	0	778	3,036
	Interés	90	0	78	168
	Pago	1,145	0	855	2,000
13	Importe	1,204	0	0	1,204
	Interés	48	0	0	48
	Pago	1,252	0	0	1,252
14	Importe	0	0	0	0
	Interés	0	0	0	0
	Pago	0	0	0	0
	Intereses	**2,753**	**1,302**	**4,212**	**8,266**

Mes		Pagos Crecientes			
	Tasa Interés	4%	8%	10%	
		Deuda 1	Deuda 2	Deuda 3	Total
1	Importe	8,000	3,500	5,000	16,500
	Interés	320	280	500	1,100
	Pago	500	1,000	500	2,000
2	Importe	7,820	2,780	5,000	15,600
	Interés	313	222	500	1,035
	Pago	500	1,000	500	2,000
3	Importe	7,633	2,002	5,000	14,635
	Interés	305	160	500	966
	Pago	500	1,000	500	2,000
4	Importe	7,438	1,163	5,000	13,601
	Interés	298	93	500	891
	Pago	500	1,000	500	2,000
5	Importe	7,236	256	5,000	12,491
	Interés	289	20	500	810
	Pago	500	276	1,224	2,000
6	Importe	7,025	0	4,276	11,301
	Interés	281	0	428	709
	Pago	500	0	1,500	2,000
7	Importe	6,806	0	3,204	10,010
	Interés	272	0	320	593
	Pago	500	0	1,500	2,000
8	Importe	6,578	0	2,024	8,602
	Interés	263	0	202	466
	Pago	500	0	1,500	2,000
9	Importe	6,341	0	726	7,068
	Interés	254	0	73	326
	Pago	1,201	0	799	2,000
10	Importe	5,394	0	0	5,394
	Interés	216	0	0	216
	Pago	2,000	0	0	2,000
11	Importe	3,610	0	0	3,610
	Interés	144	0	0	144
	Pago	2,000	0	0	2,000
12	Importe	1,754	0	0	1,754
	Interés	70	0	0	70
	Pago	1,824	0	0	1,824
13	Importe	0	0	0	0
	Interés	0	0	0	0
	Pago	0	0	0	0
14	Importe	0	0	0	0
	Interés	0	0	0	0
	Pago	0	0	0	0
	Intereses	**3,025**	**776**	**3,523**	**7,324**

En la tabla del página 54 se llevan a cabo pagos repartiendo proporcionalmente el importe de los 2,000 pesos a parte iguales entre las deudas, y en la tabla del página 55 se aplica el esquema descrito con anterioridad, en esta tabla se comienza a pagar el mayor importe a la deuda 2 que es la de menor monto y una vez que está totalmente pagada (mes 6) este importe se suma para el pago de la deuda 3 y lo mismo ocurre para el pago de la deuda 1 cuando la deuda 3 queda liquidada. De las tablas anteriores se pueden tener las siguientes conclusiones:

1.- El pago total de intereses en el esquema propuesto es menor en $942 pesos en comparación con el esquema comparado.

2.- Utilizando el esquema de pagos proporcionales se lleva un periodo de 13 meses liquidar el total de las deudas, bajo el esquema propuesto la liquidación de las deudas se lleva en un mes menos.

3.- En el esquema propuesto la liquidación de la primer deuda se lleva a cabo en el mes 5 y el esquema de comparación esto no ocurre sino hasta el mes 8

4.- La segunda deuda se liquida en el mes 9 en el esquema propuesto y en el otro es hasta el mes 12.

En caso de que usted considere hacer pagos mayores a las deudas que le cobren un mayor interés vea a continuación tablas comparativas entre este esquema y el de pagos crecientes.

Pagos Mayores por Tasa de Interés				
Tasa Interés	4%	8%	10%	
Mes	Deuda 1	Deuda 2	Deuda 3	Total
1 Importe	8,000	3,500	5,000	16,500
Interés	320	280	500	1,100
Pago	500	500	1,000	2,000
2 Importe	7,820	3,280	4,500	15,600
Interés	313	262	450	1,025
Pago	500	500	1,000	2,000
3 Importe	7,633	3,042	3,950	14,625
Interés	305	243	395	944
Pago	500	500	1,000	2,000
4 Importe	7,438	2,786	3,345	13,569
Interés	298	223	335	855
Pago	500	500	1,000	2,000
5 Importe	7,236	2,509	2,680	12,424
Interés	289	201	268	758
Pago	500	500	1,000	2,000
6 Importe	7,025	2,209	1,947	11,182
Interés	281	177	195	652
Pago	500	500	1,000	2,000
7 Importe	6,806	1,886	1,142	9,834
Interés	272	151	114	537
Pago	500	500	1,000	2,000
8 Importe	6,578	1,537	256	8,372
Interés	263	123	26	412
Pago	500	1,218	282	2,000
9 Importe	6,341	442	0	6,783
Interés	254	35	0	289
Pago	1,523	477	0	2,000
10 Importe	5,072	0	0	5,072
Interés	203	0	0	203
Pago	2,000	0	0	2,000
11 Importe	3,275	0	0	3,275
Interés	131	0	0	131
Pago	2,000	0	0	2,000
12 Importe	1,406	0	0	1,406
Interés	56	0	0	56
Pago	1,462	0	0	1,462
13 Importe	0	0	0	0
Interés	0	0	0	0
Pago	0	0	0	0
14 Importe	0	0	0	0
Interés	0	0	0	0
Pago	0	0	0	0
Intereses	**2,985**	**1,695**	**2,282**	**6,963**

Mes		Pagos Crecientes			
	Tasa Interés	4%	8%	10%	
		Deuda 1	Deuda 2	Deuda 3	Total
1	Importe	8,000	3,500	5,000	16,500
	Interés	320	280	500	1,100
	Pago	500	1,000	500	2,000
2	Importe	7,820	2,780	5,000	15,600
	Interés	313	222	500	1,035
	Pago	500	1,000	500	2,000
3	Importe	7,633	2,002	5,000	14,635
	Interés	305	160	500	966
	Pago	500	1,000	500	2,000
4	Importe	7,438	1,163	5,000	13,601
	Interés	298	93	500	891
	Pago	500	1,000	500	2,000
5	Importe	7,236	256	5,000	12,491
	Interés	289	20	500	810
	Pago	500	276	1,224	2,000
6	Importe	7,025	0	4,276	11,301
	Interés	281	0	428	709
	Pago	500	0	1,500	2,000
7	Importe	6,806	0	3,204	10,010
	Interés	272	0	320	593
	Pago	500	0	1,500	2,000
8	Importe	6,578	0	2,024	8,602
	Interés	263	0	202	466
	Pago	500	0	1,500	2,000
9	Importe	6,341	0	726	7,068
	Interés	254	0	73	326
	Pago	1,201	0	799	2,000
10	Importe	5,394	0	0	5,394
	Interés	216	0	0	216
	Pago	2,000	0	0	2,000
11	Importe	3,610	0	0	3,610
	Interés	144	0	0	144
	Pago	2,000	0	0	2,000
12	Importe	1,754	0	0	1,754
	Interés	70	0	0	70
	Pago	1,824	0	0	1,824
13	Importe	0	0	0	0
	Interés	0	0	0	0
	Pago	0	0	0	0
14	Importe	0	0	0	0
	Interés	0	0	0	0
	Pago	0	0	0	0
	Intereses	**3,025**	**776**	**3,523**	**7,324**

En este caso los intereses son menores si los pagos mayores se llevan a cabo sobre la deuda que causa mayores intereses, sin embargo la diferencia es prácticamente nula entre uno y otro esquema (362 pesos), se puede pensar que por lo tanto son iguales, sin embargo queda una diferencia que es notable entre ambos, en el esquema de pagos crecientes la primer deuda es liquidada en el mes 5 y en el esquema de comparación esto no sucede sino hasta el mes 8, por lo que el esquema de pagos crecientes aun cuenta con ventaja.

CAPITULO 11

SEA SU PROPIO BANCO

Viendo las tasas que los bancos aplican a los créditos que ofrecen es evidente que un banco resulta ser un buen negocio, recuerde que por lo general estas empresas cuentan con grandes edificios, miles de empleados y que a pesar de crisis o recesiones han existido y seguirán existiendo en cualquier economía, no sólo eso sino que aún y cuando se vean en peligro de extinción el gobierno hará lo necesario para rescatarlos.

En teoría, se puede decir que el negocio de un banco es recaudar dinero de varias personas, pagar un interés atractivo para conservar los depósitos, a la vez que presta dinero a quien lo solicite cobrando un interés para así obtener una ganancia por la diferencia de tasas entre el interés que paga por los depósitos obtenidos y los préstamos realizados.

Ahora piense en lo siguiente: si usted le prestara a alguien una cantidad de dinero, con lo que ha aprendido hasta ahora esperaría cobrar cuando menos un porcentaje igual a la inflación para que su dinero conserve su valor, además un porcentaje ligeramente mayor por la molestia de distraer su dinero en el préstamo, siendo así en un entorno con inflación del 5% usted bien podría cobrar un porcentaje mayor a partir de ahí, pero lo más probable es que lo que cobre por interés no vaya más allá del 10%.

Interludio II: El Negocio de un Banco

Como vimos en el capítulo pasado las tasas actuales que cobran los bancos son de cuando menos un 30%. Si a esto le adicionamos el hecho que los bancos no pagan más del 10% de rendimiento por el dinero que reciben podemos ver que tener un banco es sumamente redituable al tener una ganancia de cuando menos el 20% por la diferencia de porcentajes entre lo que se cobra por prestar y lo que se paga por los depósitos sin considerar comisiones y diversos cobros adicionales, esto se puede observar de mejor manera en la imagen siguiente:

		BANCO	

INGRESO	$3,000
GASTO	-$1,000
UTILIDAD/PERDIDA	**$2,000**

PRÉSTAMOS REALIZADOS DEUDORES			DEPÓSITOS RECIBIDOS ACREEDORES		
	Préstamos	Intereses 30%		Depósitos	Intereses 10%
Deudor 1	$2,000	$600	Acreedor 1	$2,000	$200
Deudor 2	$2,000	$600	Acreedor 2	$2,000	$200
Deudor 3	$2,000	$600	Acreedor 3	$2,000	$200
Deudor 4	$2,000	$600	Acreedor 4	$2,000	$200
Deudor 5	$2,000	$600	Acreedor 5	$2,000	$200
	$10,000	$3,000		$10,000	$1,000

Cuando usted deposita dinero en el banco se vuelve su acreedor, porque el banco tiene la obligación con usted de regresarle el dinero en cuanto usted lo solicite además del interés que se haya generado, pero mientras eso sucede y dado que no todos los acreedores piden el dinero al mismo tiempo, el banco puede usar **su dinero** para hacer préstamos; en nuestro ejemplo el banco logró que 5 personas depositaran su dinero a guardo sumando 10,000 pesos de depósitos los cuales utiliza para hacer préstamos por la misma cantidad, al final el banco cobraría intereses de 3,000 pesos que es un ingreso para él y pagaría intereses por los depósitos de solamente 1,000 pesos obteniendo con ello una ganancia de 2,000 pesos.

Pero considere a continuación lo que pasaría si cuatro de los cinco deudores del banco en lugar de pedir dinero prestado se dedicaran a ahorrar y posteriormente depositarán su dinero en el banco:

	BANCO

INGRESO	$600
GASTO	-$1,800
UTILIDAD/PERDIDA	**-$1,200**

PRÉSTAMOS REALIZADOS DEUDORES			DEPÓSITOS RECIBIDOS ACREEDORES		
		Intereses			Intereses
	Préstamos	30%		Depósitos	10%
Deudor 1	$2,000	$600	Acreedor 1	$2,000	$200
	$2,000	$600	Acreedor 2	$2,000	$200
			Acreedor 3	$2,000	$200
			Acreedor 4	$2,000	$200
			Acreedor 5	$2,000	$200
			Acreedor 6	$2,000	$200
			Acreedor 7	$2,000	$200
			Acreedor 8	$2,000	$200
			Acreedor 9	$2,000	$200
				$18,000	$1,800

Una situación de este tipo resultaría en una pérdida para el banco, ¿Cómo pagaría el banco esos 1,200 pesos que le faltan? El banco no produce bienes que se puedan vender, comercializar o algo tangible de lo cual obtener una ganancia para evitar la quiebra y pagar los 1,200 pesos de pérdida.

En el primer caso el banco obtenía dinero sin producir o comercializar bienes tangibles pero cuando la situación se vuelve inversa como en el último ejemplo esto se hace evidente, el banco termina siendo un intermediario que se queda con parte de la producción, comercialización o trabajo de sus deudores y no está de más decirlo, un intermediario muy caro.

Teniendo esto en mente podemos comprender por qué los grandes corporativos manejan su propio banco, empresas que comenzaron a crecer de manera importante y que hoy en día son grandes corporativos tienen dentro de sus múltiples empresas una que se dedica a cuestiones financieras sino es que es un banco en toda la extensión de la palabra, si lo pensamos bien esto no tendría mucho sentido por sí mismo, es decir, claro que ser dueño de un banco puede resultar ser un muy buen negocio, pero el motivo principal que impulso al empresario a tener un banco no es cambiar de giro su actividad sino simplemente SER SU PROPIO BANCO.

Los grandes grupos corporativos tienen dentro de sus empresas un banco de su propiedad, con esto buscan satisfacer sus necesidades de financiamiento por sí mismos, si es necesario pagar un interés por el dinero que necesitan para construir una nueva planta o para adquirir equipo de producción que mejor que pagárselo a ellos mismos.

A continuación haremos un ejemplo para comprender más la idea en forma numérica utilizando los mismos datos que hemos visto hasta el momento.

	Anual
Ingreso	100,000
10% para pago de deudas	10,000

Según los números anteriores usted al año estaría en posibilidad de pagar sin mucho problema bienes y servicios vía deuda en cantidad de 10,000 pesos al año, una cantidad que parece bastante razonable en proporción a los ingresos obtenidos, sin embargo hay que recordar que los bancos le cobran un interés por los montos que usted les adeuda, y si dicha tasa es del 30% (bajo un óptica conservadora) usted ya no estaría destinando el 10% de sus ingresos para el pago de deudas sino el 13%

	Anual
Ingreso	100,000
13% para pago de deudas	13,000
Intereses (tasa del 30%)	3,000
Adquisición de bienes	10,000

Es evidente que la utilización del crédito bancario merma nuestras finanzas personales, recuerde que los bancos son empresas muy grandes con muchos empleados y de algún modo deben ser sostenidas.

Aquí es donde haremos un cambio en el esquema que usted maneja, la idea de ser su propio banco es que usted cuente con un capital de su propiedad determinándolo a su perfil financiero personal, en este caso tomaremos el mismo monto del 10% para adquisición de bienes de consumo sobre el ingreso total al año de 100,000 pesos, es decir, 10,000 pesos.

71

Contar con dicho capital requiere de un tiempo para lograrlo, si usted considera que se le dificulta, puede comenzar con la mitad de su monto ideal y aumentarlo poco a poco, con el esquema que hemos visto anteriormente para terminar sus deudas tendrá el margen necesario para lograr este paso.

Considere además que llevar a cabo la acumulación de este capital sería prácticamente lo mismo que pagarle a un acreedor, pero en este caso el dinero no irá a ningún otro lado que no sea su bolsillo y esa es una razón suficiente para lograrlo.

Volviendo a nuestro ejemplo contando con el capital de 10,000 pesos sería nuestra manera de empezar siendo nuestro propio banco, así la próxima vez que queramos adquirir bienes de consumo usaremos este capital para hacerlo y se pagará de igual manera que si el pago fuera hecho a un banco, la información quedaría de la siguiente manera:

	Anual c/Interés Banco	Anual Personal
Ingreso	100,000	100,000
Ingreso para pago de deudas	13,000	10,000
Intereses (30%)	3,000	0
Adquisición de bienes	10,000	10,000
Saldo en cuenta bancaria	0	10,000

Al término del primer año usted tendría en su cuenta los mismos 10,000 pesos, pero se estaría ahorrando gastar 3,000 mil pesos por intereses que nunca volverá a ver.

Hoy en día los bancos suelen manejar como promociones periodos de pagos en mensualidades sin intereses para liquidar compras, esto también lo puede hacer usted mismo cuando maneje su propio banco, puede establecerse periodos similares o incluso mejores de acuerdo a su propia situación actual y no enfrascarse en periodos justos e inflexibles de un banco. Inclusive si usted es una persona casada cada cónyuge puede fungir como banquero del otro y así evitar que uno sea laxo en sus pagos.

Hasta este punto es probable que usted haya comprendido el por qué los bancos suelen "regalarle" puntos para la compra de artículos promocionales, claro que estos puntos son a cambio del uso de la tarjeta y posterior cobro de intereses, es evidente que los artículos que quieren venderle con puntos ya están pagados.

Podemos llevar este esquema un paso más allá, después de ver el ahorro que consiguió al ser su propio banco le gustaría considerar la idea de cobrarse intereses por los préstamos que se realiza del capital de su banco, sin embargo, a diferencia de los bancos usted piensa cobrarse un interés solamente del 20% cada vez que realice una compra de consumo, la información quedaría de la siguiente manera:

	Anual c/interés Personal
Ingreso	100,000
12% para pago de deudas e intereses	12,000
Intereses (tasa 20%)	2,000
Adquisición de bienes	10,000
Saldo en cuenta bancaria	12,000

Si aún no lo ha notado esos intereses que se cobra a sí mismo realmente es un ahorro que se está obligando a hacer al pagar intereses a sí mismo, puede llamarlo de una u otra manera eso no es lo importante, lo importante aquí es que sus finanzas personales mejorarán.

Lo que veremos ahora es este mismo ejercicio pero en varios años en comparación a un uso de crédito común para que observe las diferencias de cómo ser su propio banco le ofrece la posibilidad de mejores finanzas personales:

BANCO	Anual c/Interés Banco Año 1	Anual c/Interés Banco Año 2	Anual c/Interés Banco Año 3	Anual c/Interés Banco Año 4	Anual c/Interés Banco Año 5	Anual c/Interés Banco Total
Ingreso	100,000	100,000	100,000	100,000	100,000	500,000
13% para pago de deudas e intereses	13,000	13,000	13,000	13,000	13,000	65,000
Intereses	3,000	3,000	3,000	3,000	3,000	15,000
Adquisición de bienes	10,000	10,000	10,000	10,000	10,000	50,000
Saldo cuenta bancaria	0	0	0	0	0	0

PROPIO BANCO	Anual c/Interés Usted Año 1	Anual c/Interés Usted Año 2	Anual c/Interés Usted Año 3	Anual c/Interés Usted Año 4	Anual c/Interés Usted Año 5	Anual c/Interés Usted Total
Ingreso	100,000	100,000	100,000	100,000	100,000	500,000
12% para pago de deudas e intereses	12,000	12,000	12,000	12,000	12,000	60,000
Intereses	2,000	2,000	2,000	2,000	2,000	10,000
Adquisición de bienes	10,000	10,000	10,000	10,000	10,000	50,000
Saldo cuenta bancaria	12,000	14,000	16,000	18,000	20,000	20,000

Puede usted observar que después de cinco años al manejar el esquema que le propongo se habrá ahorrado 15,000 pesos por concepto de intereses, y no sólo eso sino que ha podido acumular 10,000 pesos al saldo de su propio banco ya que al final de este período su cuenta bancaria habrá pasado de un saldo de 10,000 pesos en un principio a 20,000 pesos sin realizar prácticamente ningún esfuerzo, pero más importante llevando a cabo sus mismos hábitos de consumo, además lo maravilloso de este esquema es que usted no ha tenido necesidad de aumentar el ingreso que percibe al año, simplemente ha optado por guardarse para usted mismo los intereses que pagaba al banco.

La lección importante en este capítulo es que al igual que los grandes empresarios cualquier persona puede utilizar las mismas herramientas sin importar que los montos sean menores y así aumentar el valor de su patrimonio.

CAPITULO 12

ES FEO ANDAR A PIE PERO ES MÁS FEO PERDER VALOR

En el capítulo anterior analizamos la deuda por consumo o deuda que se origina por la utilización del crédito al consumo, en este capítulo abordaremos otro tipo de deuda que es común en las finanzas personales, esa es la deuda que se adquiere para la adquisición de un automóvil.

El nombre de este capítulo sirve para describir que a pesar de no contar con la facilidad de tener un carro propio esto no quiere decir que usted deba de hacerse de un carro sin considerar y evaluar seriamente las cuestiones financieras, y es que a pesar de que usted cuente con la capacidad para solventar un crédito automotriz eso no quiere decir que hacerlo sea una decisión financiera inteligente, recuerde que como lo vimos en el capítulo de crear valor usted debe de acumular operaciones que aumenten valor y debe de disminuir aquellas que hagan salir el valor de su patrimonio, más allá de las necesidades que tenga de un carro es importante que evalúe los siguientes aspectos al momento de adquirir uno.

Es de todos sabido que un automóvil pierde su valor con tan solo el paso del tiempo, para los fines de este libro un automóvil no es un objeto que cree valor por sí mismo hablando en términos de automóviles comunes y corrientes dado que existen automóviles de colección que pueden aumentar su valor, aquí nos estamos refiriendo a un carro para uso personal, pero si usted está considerando adquirir un automóvil para con llevar a cabo entrega de mercancía que producen un valor entran en juego otros aspectos que no se consideran en el presente capítulo.

Decíamos que desde el punto de vista del valor un automóvil no creará valor sino todo lo contrario, un automóvil estará perdiendo valor con cada año que pase, tan solo el lanzamiento de un modelo más reciente hace que nuestro automóvil pierda valor.

Además de lo anterior considere que ser dueño de un automóvil le obliga a tener que gastar en el mantenimiento del mismo para que su funcionamiento sea el adecuado, en caso de que usted no lo haga su propiedad puede tener una avería importante que puede resultarle en mayores gastos o una pérdida mayor del valor de su auto.

Para comprender la relación valor/gasto gráficamente se vería de la siguiente manera:

AUTOMÓVIL

VALOR   GASTO

Además del costo del automóvil no hay que olvidar los impuestos que nos cobran al momento de pagar, también hay que considerar que debido a los precios de los automóviles nuevos y usados la mayoría de las veces es necesario hacer la compra vía crédito lo cual acarrea gastos por intereses, considere el siguiente ejemplo para poder evaluar con objetividad el aspecto financiero de una deuda automotriz:

	Tasa	Importe
Precio auto		100,000
Impuestos	(16%)	16,000
Intereses	(20%)	20,000
Total		136,000

Como se puede observar si usted adquiere un automóvil vía crédito estará pagando conceptos que hacen que el gasto aumente en una cantidad de un 36% sobre el precio a pagar del automóvil, gastos que al igual que los gastos por consumo usted no volverá a ver.

Pero a pesar de lo anterior usted considera que sus finanzas personales son lo suficientemente bien organizadas para absorber este gasto, partiendo de ahí veamos que sucede con el valor después de 3 años y evaluemos el impacto que esto tienes en su patrimonio.

Consideremos de manera conservadora que un automóvil pierde el 10% de su valor tanto por el transcurso del tiempo como por el uso que se haga del mismo, siendo así tendríamos la tabla siguiente:

Año	Valor perdido por uso y tiempo	Valor Remanente
1	10,000	90,000
2	10,000	80,000
3	10,000	70,000

Después de 3 años su automóvil ha perdido 30 mil pesos (en términos conservadores) de su valor original de 100 mil pesos, pero recuerde que su auto necesita de mantenimiento y dependiendo de la marca y modelo puede ser que usted gaste más por este concepto, imaginemos que se gasta un 3% del valor del carro por mantenimiento cada año, de este modo después del plazo de 3 años usted habrá gastado en su automóvil 9% por concepto de mantenimiento para conservar un bien que perderá valor de manera irremediable. Lo que a continuación veremos será un resumen de los conceptos anteriores para evaluar el valor de su automóvil al final del período:

Tasa	Concepto	Importe
	Automóvil	100,000
16%	Impuestos	16,000
20%	Interés	20,000
9%	Mantenimiento	9,000
	Total	**145,000**

Como se puede observar, al final de 3 años usted cuenta con un automóvil con un valor de 70 mil pesos pero usted ha desembolsado 145 mil pesos en el mismo plazo, es decir, ha obtenido una pérdida de 60 mil pesos, lo que representa 60% sobre el valor del automóvil de 100 mil pesos pero sin considerar impuestos e interés ya que de ellos no puede obtener nada a cambio si decide vender su auto. No está de más decir como vimos en el Capítulo I que la pérdida de valor por el uso o el paso de tiempo es diferente a diferentes personas, habrá algunas que le ofrezcan más dinero por su carro en relación a los 70 mil pesos que vale ahora, y a la vez personas que le ofrezcan menos, pero esas cuestiones son variables que el mercado determina y que pueden variar de uno a otro.

Conociendo la información anterior ahora evaluaremos las siguientes dos opciones de compra de automóviles para que compare y considere el aspecto del valor en este tipo de operaciones:

	Opción 1	Opción 2
Gasto	250,000	100,000

Recuerde que estamos hablando de un supuesto en el que su automóvil perderá el 10% de su valor por año que para fines de este ejemplo el plazo a considerar es de 5 años, a continuación observe una comparación gráfica de los importes:

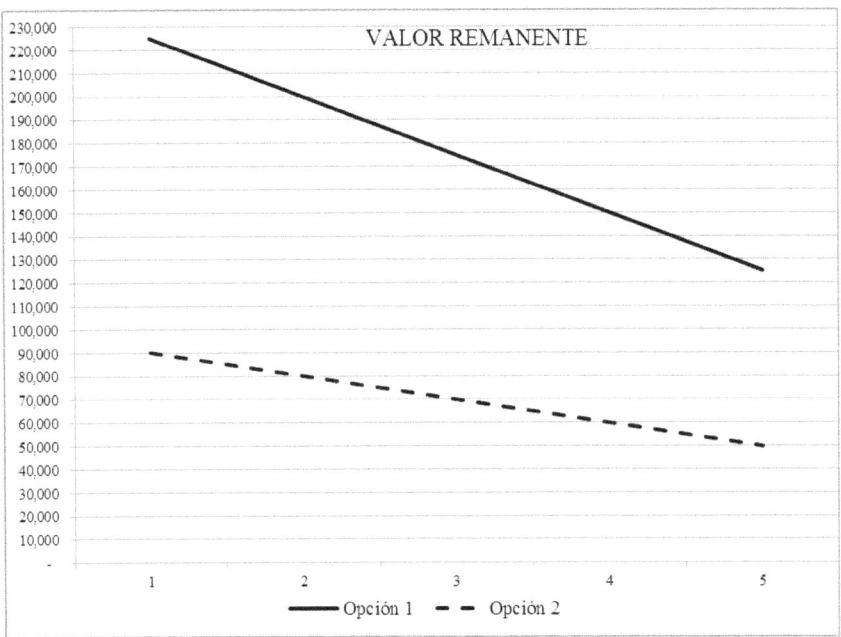

En la gráfica anterior se nota que la línea que representa la opción 1 es mucho más inclinada a la línea que representa a la opción 2, esto es debido a que la opción 1 pierde mucho más valor por cada año que transcurre en comparación a la opción 2, aunque se considere el mismo porcentaje de pérdida de valor (10%) para ambas, por lo tanto su línea es más inclinada y al final de los 5 años el Valor Remanente de la primera opción será de 125,000 pesos y de la segunda de 50,000 pesos.

Ahora considere lo que pasa con lo que usted desembolsó para adquirirlo además de los gastos, en este caso se aplicarán los mismos porcentajes de impuestos, intereses y gastos de mantenimiento que en el primer ejemplo, para el mismo período de 5 años:

	Opción 1	Opción 2
Gasto	250,000	100,000
Impuestos (16%)	40,000	16,000
Interés (20%)	50,000	20,000
Mantenimiento (15%) (3% x año x 5años)	37,500	15,000
Total Gastos	127,500	51,000
Gran Total	377,500	151,000

Se considerarán estos gastos junto con la pérdida de valor natural del automóvil para ver gráficamente el gasto acumulado a cada año en la siguiente imagen:

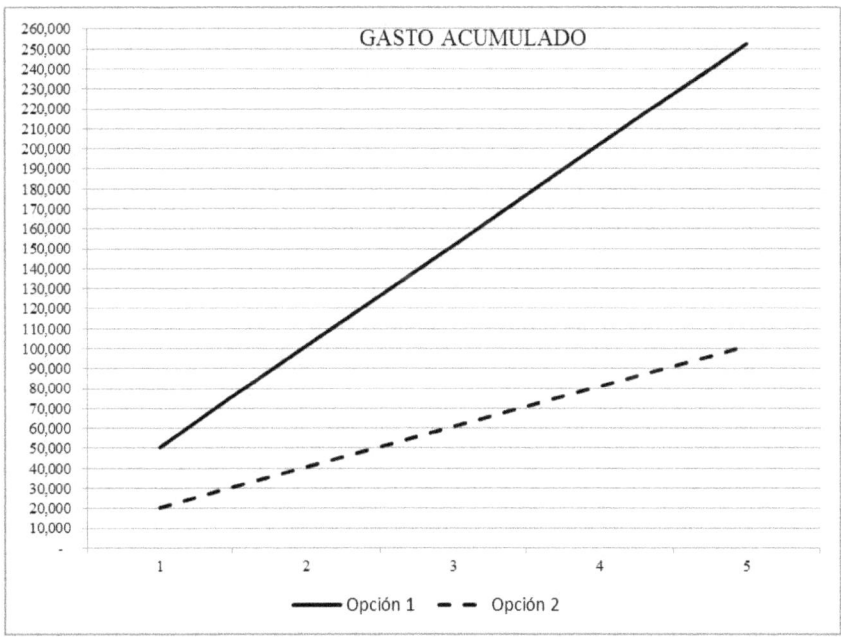

Observe como se desarrollan ambas opciones durante el plazo de 5 años, al igual que en la gráfica anterior el gasto acumulado de la opción 1 aumenta a un ritmo mayor con cada año mientras que la opción 2 se mantiene con una pendiente más plana lo cual indica que el gasto tiene no crece de manera importante cada año.

Por último considere qué es lo que pasaría si después de los 5 años usted vende cualquiera de las 2 opciones tendría:

	Opción 1	Opción 2
Valor Remanente	125,000	50,000
Gasto Acumulado	252,000	101,000
Ganancia/Pérdida	(127,500)	(51,000)

Al final si elige adquirir la opción 1 y después de vender su automóvil usted tendría una pérdida de 127,500 pesos en comparación de una pérdida de 51,000 pesos la relación entre ellas es que la opción 1 es 2.5 veces mayor que la opción 2. En ambas opciones se deriva una operación de pérdida ya que como dijimos adquirir un automóvil no agrega valor a nuestro patrimonio, financieramente hablando, por lo tanto en este punto es importante que relacione estas operaciones con su capacidad financiera y estar consciente de cuánto valor está dispuesto a perder.

La compra de un automóvil no es del tipo de operaciones que le crean un valor que haga aumentar su patrimonio, sino todo lo contrario, y usted ahora sabe que eso no es bueno, con esto no le estoy sugiriendo que ande a pie o que cambie de medio de transporte, sino más bien que considere estos aspectos antes de adquirir un automóvil, mi sugerencia en este punto es que adquiera un automóvil acorde a sus finanzas personales, tomando en cuenta el concepto de valor y cómo se ve afectado en este tipo de operaciones.

A la vista de lo que se comenta en este capítulo encuentro muy interesante observar que como consumidores en ocasiones hagamos esfuerzos financieros importantes para adquirir bienes que pierden valor tan solo por el transcurso del tiempo.

CAPÍTULO 13

SU CASA ¿UNA INVERSIÓN?

Para la mayoría de las personas la adquisición de un bien inmueble es un objetivo a lograr en el largo plazo, por ello es importante que se considere con sumo cuidado el aspecto financiero cuando se toma la decisión de adquirir un bien inmueble.

Hoy en día está muy difundida la idea de que adquirir un bien inmueble para que sea su casa es una inversión a largo plazo pero no hay cosa más alejada de la realidad.

Por definición una inversión es todo aquello que agrega valor a nuestro patrimonio (un activo), se puede considerar como inversión la compra de acciones de una empresa que suben su valor y después se venden a un precio más caro del que lo compramos obteniendo una ganancia, si usted realiza la compra de un bien inmueble con el fin de vivir en él, eso no hará nada en lo absoluto para que el valor que usted tenga acumulado aumente, considerar una casa como una inversión es totalmente erróneo desde el punto de vista del concepto mismo.

Para que la compra de una casa se pueda considerar como inversión tendría que ser destinada para su arrendamiento o bien, comprar el bien inmueble a un precio bajo para su posterior venta a un mayor precio con lo cual usted obtendría una ganancia y en consecuencia aumentaría el valor que posee.

Sin embargo cuando usted adquiere una casa es para vivir en ella, eso no es una operación que aumente su valor, si usted es de los que planea más a futuro y piensa que puede vender su casa para obtener una ganancia tiene que considerar que para que eso suceda debe primero terminar de pagarla y pagar una casa no es algo que aumente el valor que usted produce; aún y cuándo logre pagar la totalidad de su casa y la venda eso no necesariamente hará que aumente el valor que posea, esto sólo sucederá siempre y cuando logre vender la casa a un precio mayor al de compra, en caso contrario obtendría una pérdida.

Con todo esto mi intención no es disuadirlo de la idea de hacerse de una casa, una de las cosas más importante en la vida de cualquier persona es obtener un techo para vivir y proteger a los suyos, lo importante de este capítulo es que primero conozca adecuadamente el aspecto financiero de la compra de un bien inmueble para usarlo como su hogar y segundo, aprenderá que puede mejorar el aspecto financiero para que este paso tan importante en su vida no merme el valor que logra crear y acumular, es decir, su patrimonio.

Para poder realizar la compra de una casa es necesario acudir a una institución de crédito, la operación es sencilla: la institución de crédito paga el valor de la casa al constructor, pone la casa a su nombre y usted se encarga de pagarle a la institución de crédito el valor de la casa así como los intereses y demás cargos e impuestos que se establezcan mediante un esquema que se conoce como crédito hipotecario. Sobre la casa se llevará a cabo una hipoteca a favor de la institución lo cual quiere decir que si usted no lleva a cabo los pagos en tiempo y forma existe la posibilidad de que la institución de crédito se quede como dueña de la casa y no le devuelva nada del dinero que haya pagado, por esto es importante que evalúe bien todos los aspectos financieros.

En términos legales y financieros tener una casa significa que usted la ha pagado en su totalidad y puedes hacer con ella lo que le plazca, eso no sucede cuando usted aún está pagándola, aunque su nombre aparezca en documentos legales esto no es más que una "ilusión", la institución de crédito tiene todo el derecho legal de ejercer la hipoteca si usted no realiza los pagos y quedarse con la casa. Si usted tiene la edad suficiente para recordarlo sabrá que eso es precisamente lo que le pasó a muchas personas en nuestro país hace no más de un par de décadas.

En los capítulos anteriores hemos visto los riesgos que existen cuando adquirimos una deuda y este capítulo no es la excepción, lo peor que puede sucederle cuando adquiere una casa es que usted falle en los pagos y la institución de crédito ejecute la hipoteca, así usted se quede sin el dinero que pago por ella pero sobre todo sin un techo donde dormir, aunque también existen otros riesgos financieros que debe tomar en cuenta.

El principal de estos riesgos es el interés que pagará por el crédito para la compra de su casa, por desgracia en el mercado actual el gasto que una persona deberá pagar por un crédito hipotecario es muy alto, tan alto es que en la mayoría de las ofertas de créditos hipotecarios, por no decir que en todos, el pago de intereses llega a representar un monto igual o inclusive mayor al valor de la casa, piense en esto detenidamente ya que no hay que ir muy lejos para comprender la importancia que tienen los intereses.

No me crea a mí, usted puede utilizar los propios simuladores vía Internet de las instituciones de crédito para corroborar esto, llegará a las mismas conclusiones que un servidor.

Bajo esta situación piense un poco más y considere que si el costo de la casa que quiere adquirir es de un importe de 500,000 pesos usted le tendrá que pagar al banco cuando menos otros 500,000 pesos por el financiamiento resultado en un costo total de su casa en 1,000,000 pesos, lo cual quiere decir que para cuando usted venda su casa por cualquier razón y al menos "salga tablas", su casa tendría que haber duplicado su valor de 500,000 pesos a 1,000,000 pesos, en el caso contrario obtendría una pérdida en su patrimonio.

Quizás usted esté pensando en que la casa tiene todas las posibilidades de que aumente su valor a lo largo del tiempo, esto en el mercado se conoce como plusvalía, y esto es probable, sin embargo no existe certeza de ello, lo único de lo que si hay certeza es del pago mensual que debe hacer para la adquisición de su casa.

Como vimos con los esquemas actuales de créditos hipotecarios adquirir una casa de un valor de 500,000 pesos resulta en un pago total a la institución de crédito de más de 1,000,000 pesos, dado que la mayoría de las personas no contamos con esa cantidad de dinero en nuestro bolsillo se aplican plazos de hasta 20 años para cubrirlo, pero por desgracia cuando uno obtiene una deuda hipotecaria se cobra el interés sobre saldos insolutos, que como ya vimos en el Capítulo 9 es un esquema que resulta ser bastante caro.

A continuación se evaluará el resultado de un préstamo de 500,000 pesos para la compra de un bien inmueble con una tasa anual de 10.5% sobre saldos insolutos a un plazo de 20 años, pagando una mensualidad en la vida del crédito de 4,946 pesos:

Se muestra un resumen por año de la información

Año	Intereses Pagados por Año	Intereses Pagados Acumulados por Año	Capital Pagado por Año	Capital Pagado Acumulado por Año
1	51,410.91	51,410.91	7,941.09	7,941.09
2	50,548.34	101,959.24	8,803.66	16,744.76
3	49,592.07	151,551.31	9,759.93	26,504.69
4	48,531.93	200,083.24	10,820.07	37,324.76
5	47,356.64	247,439.88	11,995.36	49,320.12
6	46,053.69	293,493.57	13,298.31	62,618.43
7	44,609.20	338,102.77	14,742.80	77,361.23
8	43,007.82	381,110.59	16,344.18	93,705.41
9	41,232.49	422,343.08	18,119.51	111,824.92
10	39,264.32	461,607.40	20,087.68	131,912.60
11	37,082.37	498,689.77	22,269.63	154,182.23
12	34,663.41	533,353.17	24,688.59	178,870.83
13	31,981.70	565,334.87	27,370.30	206,241.13
14	29,008.69	594,343.57	30,343.31	236,584.43
15	25,712.76	620,056.33	33,639.24	270,223.67
16	22,058.82	642,115.14	37,293.18	307,516.86
17	18,007.98	660,123.12	41,344.02	348,860.88
18	13,517.13	673,640.25	45,834.87	394,695.75
19	8,538.48	682,178.72	50,813.52	445,509.28
20	3,019.04	**685,197.76**	54,490.72	**500,000.00**
	685,197.76		**500,000.00**	

.

Según los datos de la tabla anterior podemos observar que si usted solicita un crédito hipotecario en la cantidad de 500,000 pesos deberá de pagar un interés en de 685,198 pesos es decir que pagará una tasa de interés del 137% (685,198 / 500,000 = 1.37) * 100 = 137%), a pesar de que a usted le parezca que la mensualidad de 4,946 pesos es una cantidad razonable, en el largo plazo no lo es tanto cuando se observan los datos en conjunto. Derivado de esto se pueden obtener las siguiente conclusiones:

1.- Ahora sabemos que un crédito que cobra intereses sobre saldos insolutos resulta ser un muy buen negocio para quien lo otorga, muy bueno sobre todo cuando el crédito se establece sobre períodos largos en el tiempo como es el caso de un crédito hipotecario, sin embargo, ese no es un problema para una institución de crédito que puede esperar los años necesarios para cobrar intereses, su paciencia es bien remunerada.

2.- Como se observa en la columna "Intereses Pagados por Año" el importe del interés disminuye cada año, pero no hay que dejarse engañar por esto, ya que en el largo plazo los intereses redítuan bastante bien, una tasa del 10.5% anual sobre saldos insolutos resulta en una tasa real o efectiva del 137% de interés sobre el total del préstamo.

3.- Los primeros años de la vida del crédito son los principales para la institución de crédito en cuestión de cobro de intereses, durante la primera mitad (10 años) de la vida del crédito la institución habrá cobrado ya el 67% del total de intereses que obtendrá ((461,607 / 685,198 = 0.67) * 100 = 67%)).

4.- En los primeros 10 años de su crédito usted habrá pagado 461,607 pesos de intereses, casi el valor de la casa, y tan sólo 131,912 pesos o bien el 26% de los 500,000 pesos que cuesta su casa, o visto de otra manera, quizás solamente hay pagado y sea propietario del cuarto donde duerme o bien de la cocina.

5.- El truco sobre un interés compuesto está en la mensualidad que se debe de cubrir cada mes, en el caso de nuestro ejemplo es de 4,946 pesos, si la misma fuera mayor cada mes usted podría cubrir una parte mayor de pago a capital después del descuento de los intereses resultado en un capital menor para el cálculo de intereses y por lo tanto intereses menores a pagar, pero eso no es bueno para una institución de crédito por ello es mejor ofrecer "la mensualidad más baja en el mercado", pero no podemos culparlas por esto ya que como negocio su objetivo es obtener una ganancia.

Resumiendo aún más tendríamos la información de esta manera:

Valor Casa	Préstamo	Intereses	Pago Total
500,000	500,000	685,198	1,185,198

¿Qué hacer ante esta situación actual del mercado?

Como se menciona en el capítulo del ahorro, hoy este concepto está muy menospreciado, mucho tiene que ver la educación del consumo de una persona, el deseo de un mejor carro, una mejor casa y demás cosas materiales combinada con la publicidad de las instituciones de crédito hacen que la obtención de una deuda sea mucho más fácil y atractiva que un ahorro constante para pagarlas, lo cual es mucho mejor para las finanzas personales.

En capítulos previos se ha demostrado a prueba de toda duda que el ahorro puede mejorar las finanzas personales de manera muy significativa, una vez más aquí no es la excepción.

Tomando de base la misma información del ejemplo anterior haremos un pequeñísimo cambio con ayuda del ahorro logrando resultados que se muestran inmejorables.

Viendo la tabla de amortización del crédito hipotecario tenemos que la mensualidad que se paga para cubrirlo es de 4,946 pesos, en nuestro ejemplo se considera que la persona tiene una capacidad económica estable para no tener problemas para su pago, este es el punto en donde se comenzará con el nuevo esquema para adquirir el bien inmueble que se convertirá en su hogar.

En lugar de optar por adquirir una deuda hipotecaria usted tendría que utilizar la mitad del importe de la mensualidad para ahorrarlo y la otra mitad para rentar una vivienda en donde pueda vivir en lo que el plan se lleva a cabo.

Mensualidad Crédito 100%	Ahorro 50%	Pago Renta 50%
4,946	2,473	2,473

Después de notar que en 10 años de tener un crédito hipotecario usted sería dueño de solamente el 26% de su casa como se menciona en el punto 4 anterior, se decide que el ahorro durará ese mismo período, siendo así podemos hacer la primera comparación:

Después de 10 AÑOS	
Intereses Pagados	Renta Pagada
461,607	296,760

Si usted se dedicara a pagar un crédito hipotecario al cabo de 10 años habría pagado 461,607 pesos de intereses y de renta solamente 296,760 pesos (2,473 * 120 meses = 296,760 pesos) que representa parte del costo que está pagando mientras ahorra para la adquisición de su casa, hasta aquí usted ya se habrá ahorrado 164,847 pesos (461,607 – 296,760 = 164,847)

Ahora bien, en el caso del ahorro por el mismo período la situación sería de esta manera:

	Ahorro
1	29,676
2	29,676
3	29,676
4	29,676
5	29,676
6	29,676
7	29,676
8	29,676
9	29,676
10	29,676
	296,760

Pero si a este ahorro desde un principio se aplica el esquema del interés compuesto con un ahorro constante y una tasa de interés del 6% anual, al final de los 10 años nuestro ahorro sería de:

Año	Ahorro	Saldo Inicial	Interés 6%	Saldo Final
1	29,676	29,676	0	29,676
2	29,676	59,352	3,561	62,913
3	29,676	92,589	5,555	98,144
4	29,676	127,820	7,669	135,490
5	29,676	165,166	9,910	175,076
6	29,676	204,752	12,285	217,037
7	29,676	246,713	14,803	261,515
8	29,676	291,191	17,471	308,663
9	29,676	338,339	20,300	358,639
10	29,676	388,315	23,299	411,614
	296,760		**114,854**	

Si obtenemos una tasa del 6% sobre nuestro ahorro, que dicho sea de paso es de las menores del mercado actual, al cabo de 10 años el interés ganado sería de 114,854 pesos que sumando al ahorro resulta en un monto total de 411,614 pesos, este monto será la clave que ayudará en mejorar las condiciones financieras para obtener una casa.

En este ejemplo el valor de la casa objetivo es de 500,000 pesos, y se procede de igual manera con la obtención del mismo tipo de crédito hipotecario que el descrito anteriormente, un monto de 500,000 pesos a una tasa del 10.5% anual con un plazo de 20 años, sin embargo aunque las condiciones financieras serían las mismas, en este ejemplo se llevaría a cabo el pago de los 411,614 pesos que ahorró en el segundo mes de vida del crédito, resultando en lo siguiente:

Mes	Saldo Insoluto (SI)	Interés Diario (ID)	Interés Mensual (IM)	Pagos a Capital	Pago Total
1	500,000.00	143.84	4,315.07	630.93	4,946.00
				411,614.25	411,614.25
2	87,754.82	25.24	757.34	4,188.66	4,946.00
3	83,566.16	24.04	721.19	4,224.81	4,946.00
4	79,341.34	22.82	684.73	4,261.27	4,946.00
5	75,080.07	21.60	647.95	4,298.05	4,946.00
6	70,782.02	20.36	610.86	4,335.14	4,946.00
7	66,446.88	19.11	573.45	4,372.55	4,946.00
8	62,074.33	17.86	535.71	4,410.29	4,946.00
9	57,664.04	16.59	497.65	4,448.35	4,946.00
10	53,215.68	15.31	459.26	4,486.74	4,946.00
11	48,728.94	14.02	420.54	4,525.46	4,946.00
12	44,203.48	12.72	381.48	4,564.52	4,946.00
13	39,638.96	11.40	342.09	4,603.91	4,946.00
14	35,035.05	10.08	302.36	4,643.64	4,946.00
15	30,391.41	8.74	262.28	4,683.72	4,946.00
16	25,707.69	7.40	221.86	4,724.14	4,946.00
17	20,983.55	6.04	181.09	4,764.91	4,946.00
18	16,218.64	4.67	139.97	4,806.03	4,946.00
19	11,412.61	3.28	98.49	4,847.51	4,946.00
20	6,565.10	1.89	56.66	4,889.34	4,946.00
21	1,675.76	0.48	14.46	1,675.76	1,690.22
			12,224.47	500,000.00	512,224.47

Como se puede apreciar cuando usted lleva a cabo el pago de su ahorro los intereses se reducen en un 96% de 685,198 pesos a solamente 12,225 pesos, pero lo mejor de todo esto es que si contabiliza el tiempo que le llevo adquirir la casa resultará en un tiempo de 11.75 años (10 años ahorro + 21 meses crédito = 11.75 años), **¡PRÁCTICAMENTE LA MITAD DEL TIEMPO!**, que un crédito hipotecario. Esto es así debido a que el pago directo al crédito de los 411,614 pesos hace que el monto del capital se reduzca drásticamente, de igual manera el cobro de intereses lo que a su vez permite que la mensualidad pague mayor parte de capital después de intereses, una parte muy importante de este punto es no permitir que la mensualidad baje, de antemano se estableció que el importe de 4,946 pesos es un monto adecuado para el pago de su casa, si después de hacer el pago con el ahorro permite que la mensualidad también baje tome en cuenta que dará al traste los esfuerzos que llevó a cabo con el ahorro ya que los intereses serán mayores a los 12,224 pesos.

Veamos una comparación de los dos tipos de operaciones

Valor Casa	Préstamo	Pago	Intereses	Renta	Gasto Total	Pago Total	Ahorro
500,000	500,000	0	685,198	0	685,198	1,185,198	
500,000	500,000	411,614	12,224	296,760	308,984	808,984	376,214

Aquí cabe mencionar dos puntos adicionales a considerar, en el caso de una renta para casa normalmente se acostumbra llevar a cabo incrementos en la renta de manera anual en base a la inflación que se generó en el año previo lo que además puede generar un incremento en el precio de la casa con el paso del tiempo.

En nuestro país durante los últimos años la inflación no ha ido más allá de un dígito y la misma se ha mantenido en tasas que rondan un 5%, considerando este dato y llevando a cabo los cálculos necesario el aumento en la renta durante 10 años puede llegar a un importe equivalente a 16,361 pesos adicionales al pago considerado en los cálculos previos cifra que no es de un monto relativo importante, pero que si hay que tomar en cuenta.

En el caso del aumento en el precio de la casa, aunque este comportamiento no es algo que se pueda prever con facilidad dado que de igual manera por diversas circunstancias el precio puede bajar, se puede considerar un mal escenario de muchas alzas en los precios, en el caso de nuestro ejemplo el ahorro respecto del esquema de crédito hipotecario, los 376,214 pesos cubriría un alza del 75% en el precio del bien inmueble (376,214 / 500,000 = 0.75), es decir que aun y cuando el bien inmueble subiera un 75% el costo por la adquisición del mismo usando un ahorro sería exactamente el mismo al de un crédito hipotecario.

Aún hay un punto por revisar, es el caso de lo que sucede cuando después de que ha comprado su casa decide venderla, vea los números que a continuación se muestran:

Valor					Gasto	Pago	50% Valor	Ganancia
Casa	Préstamo	Pago	Intereses	Renta	Total	Total	Venta	Pérdida
500,000	500,000	0	685,198	0	685,198	1,185,198	750,000	-435,198
500,000	500,000	411,614	12,224	296,760	308,984	808,984	750,000	-58,984

El supuesto es que su casa ha ganado un valor del 50% de su precio original, el primer caso es sobre el resultado del total de la operación (entradas y salidas de su bolsillo) cuando utilizó un crédito hipotecario para comprar el bien inmueble, en él se consideran las salidas de dinero en total de 1,185,198 pesos por concepto de intereses y el propio valor de la casa comparados con el valor que ahora tendría de 750,000 pesos resulta en una pérdida de 435,198 pesos en su bolsillo y por lo tanto de su valor.

En el segundo caso se suman los conceptos del valor de la casa pagado, así como los intereses y la renta que debió pagar para poder realizar el plan de ahorro, esto da un total de 808,984 pesos que resulta en una pérdida menor de 58,984 pesos, que comparada con la del primer caso es prácticamente nula.

Imaginando que las cosas resultan mejor de lo que usted espera cuando quiere vender su casa, y la misma aumenta de valor en un 70% por diversas razones, la información quedaría de la siguiente manera:

Valor					Gasto	Pago	70%	Ganancia
Casa	Préstamo	Pago	Intereses	Renta	Total	Total	Valor Va	Pérdida
500,000	500,000	0	685,198	0	685,198	1,185,198	850,000	-335,198
500,000	500,000	411,614	12,224	296,760	308,984	808,984	850,000	41,016

En el caso del crédito hipotecario aún tendría una pérdida, pero no así en el esquema que se propone en este capítulo, y aunque quizás la cantidad de 41,016 pesos de ganancia no le parezca mucha, es la suficiente para pagarle unas buenas vacaciones, o mejor aún un monto importante para comenzar a ahorra para una nueva casa.

Le ahorraré el trabajo diciéndole que su casa tendría que ganar 1.38 veces su valor, es decir, pasar de un valor de 500,000 pesos a 1,190,000 pesos para que usted obtenga una ligera ganancia de 4,802 pesos si la compró vía crédito hipotecario, y no digo que eso no ocurra, pero saberlo de antemano no es algo que se pueda asegurar, aun así en el supuesto del esquema de ahorro la ganancia sería de 381,016 pesos.

Considere que la plusvalía es lo que hace que su casa gane valor con el transcurso del tiempo debido también a diversas circunstancias como pueden ser mejoras de servicios en el sector o una mayor urbanización, sin embargo también existen sucesos que pueden hacer que su casa pierda valor, como desastres naturales por ejemplo, el punto medular es que la plusvalía aunque puede ser proyectada o estimada no es un concepto que sea seguro como si lo es un cobro de intereses por crédito hipotecario.

¿Y si ya tengo un crédito hipotecario?

Si usted es alguien que ya cuenta con un crédito hipotecario y después de lo visto en este capítulo le gustaría mejorar sus condiciones puede intentar, acercarse a la institución de crédito para refinanciar su crédito es una opción, la viabilidad de la misma será dada según la flexibilidad de cada institución.

Si al igual que un servidor considera que la institución de crédito es tan flexible como el acero, una herramienta muy útil que puede utilizar son pagos adicionales a la mensualidad que ya realiza para mejorar el crédito que ya le fue otorgado.

Para ejemplificar continuaremos con el ejemplo que consideramos al principio de este capítulo de un crédito hipotecario por un monto de 500,000 pesos a una tasa del 10.5% anual con un plazo de 20 años, sobre este consideraremos que han pasado un par de años de la vida del crédito y todo ha sido pagado en tiempo y forma, pero a partir del tercer año de vida del crédito se comienzan a hacer pagos adicionales de tan sólo el 20% de la mensualidad establecida

Año	Intereses Pagado por Año	Intereses Pagado Acumulado por Año	Capital Pagado por Año	Capital Adicional por Año	Capital Pagado Acumulado por Año
1	51,410.91	51,410.91	7,941.09	0.00	7,941.09
2	50,548.34	101,959.24	8,803.66	0.00	8,803.66
3	49,012.10	150,971.35	10,339.90	11,870.40	22,210.30
4	46,599.59	197,570.94	12,752.41	11,870.40	24,622.81
5	43,925.02	241,495.96	15,426.98	11,870.40	27,297.38
6	40,959.94	282,455.90	18,392.06	11,870.40	30,262.46
7	37,672.79	320,128.69	21,679.21	11,870.40	33,549.61
8	34,028.58	354,157.27	25,323.42	11,870.40	37,193.82
9	29,988.53	384,145.80	29,363.47	11,870.40	41,233.87
10	25,509.65	409,655.45	33,842.35	11,870.40	45,712.75
11	20,544.26	430,199.72	38,807.74	11,870.40	50,678.14
12	15,033.19	445,232.91	44,382.75	11,870.40	56,253.15
13	8,929.23	454,162.14	50,422.77	11,870.40	62,293.17
14	2,302.51	0.00	43,045.01	8,902.80	51,947.81
	456,464.66		**360,522.80**	**139,477.20**	**500,000.00**

No está de más recordar que este y los demás ejemplos son para fines ilustrativos, el fondo del asunto se encuentra en los diferentes esquemas para el manejo de finanzas personales que se han descrito hasta el momento, el efecto de los mismos se ven de igual manera si se habla de millones o bien de unos cuantos miles de pesos.

Volviendo a nuestro ejemplo hay varias conclusiones de importancia:

1.- Aunque el crédito fue establecido a un plazo de 20 años realizando pagos adicionales el período se reduce en 6 años a 14 años de vida, es decir, que usted le restaría a la vida de su crédito un tercio del plazo.

Aquí hay un punto muy importante a tomar en cuenta si busca aplicar pagos adicionales, si anteriormente ha revisado algún esquema de pagos a mediano y largo plazo es posible que se haya percatado que posiblemente se haya establecido en el contrato que los pagos adicionales se aplicarán a las últimas mensualidades del préstamo, el porqué de esto se explica porque para quién otorga el préstamo es mejor disminuir del importe total de las últimas mensualidades y no de las primeras ya que si fuera de las primeras reduciría más rápido el importe del préstamo y por lo tanto los intereses a cobrar y como se pudo apreciar en el Capítulo 9

Intereses sobre saldos insolutos es sobre todo en la primera mitad de vida de un préstamo cuando el prestamista obtiene la mayor parte de sus ganancias, por esta misma razón es que existen las "penalidades por pronto pago", el objetivo como siempre es asegurar jugosas ganancias.

En el caso que su crédito no establezca estas restricciones puede aplicar pagos adicionales directos a capital con impactos importantes aplicando tan sólo el 20% del importe de la mensualidad.

2.- Si comparamos el monto de intereses pagados en un crédito hipotecario sin pagos adicionales éste asciende a $685,198 pesos, en el caso de nuestro último ejemplo el importe se reduce a $456,465, una diferencia de $228,733 pesos es decir que se ahorraría un 33% de pago de intereses aplicando pagos adicionales a capital, una cantidad nada despreciable si consideramos que el crédito es por un monto de $500,000, es decir que el ahorro sería prácticamente del 50% del valor de la casa.

Lo más interesante de este esquema al igual que los demás descritos en este libro para mejorar sus finanzas personales es que cada uno de ellos pueden ser usados a su propia medida, si en este caso usted prefiere seguir ahorrando sin depender en ningún grado de un crédito hipotecario es viable, o bien si decide que con 5 años de ahorro bastarán para que obtenga mejores condiciones con un crédito hipotecario es un decisión que debe de considerarse sobre todo en base a su ingreso personal y a las consideraciones de sus finanzas personales.

CAPITULO 14

POCAS COSAS SEGURAS EN LA VIDA COMO LOS IMPUESTOS

Hasta aquí hemos visto y comprendido el concepto del valor y de cómo se comporta, además de comprender cómo se puede acumular, o bien perder, en este punto los impuestos son parte importante de conservar su valor ya que no estar al tanto de ellos nos puede hacer perder valor que se pudo prevenir, la intención de hablar sobre los impuestos es que usted tenga un panorama general de ellos, pero sobre todo que cada uno de nosotros aprovechemos los beneficios que la misma ley nos brinda siempre dentro del marco legal que exista, para mayor profundidad una asesoría personal un profesional en el tema es recomendable.

Es un hecho que a nadie le gusta pagar impuestos, precisamente esa es la razón de su nombre, los impuestos son importes de dinero que tenemos que pagar sin que se nos haya preguntado o consultado, toda aquélla persona que crea un valor es una persona que debe de pagar impuestos.

En teoría, los impuestos sirven para sostener al gobierno, con ellos se realiza el gasto que el país necesita en infraestructura o se pagan servicios que sus habitantes requieren, si eso se cumple o no, no sabría decirlo, pero lo que sí sé es que independientemente de que se dé este supuesto los impuestos siempre serán un tema a discutir en cualquier economía de cualquier tiempo.

Más allá de analizar si las cargas impositivas son elevadas o no, la intención de este capítulo es familiarizarlo con los impuestos ya que son muy importantes cuando usted acumula valor, por lo tanto, tener noción acerca de los impuestos le ayudará a comprender de mejor manera cómo funcionan, con ello estará en mejor posición de cuidar su patrimonio.

De manera general existen dos tipos de impuestos, aquellos conocidos como impuestos directos y otros conocidos como impuestos indirectos o también llamados impuestos al consumo. La diferencia entre ellos estriba en algo muy simple, los impuestos directos gravan una utilidad (un valor creado) y los impuestos indirectos gravan un consumo (gastos/costos).

Impuestos directos

Cuando una persona crea un valor sin importar su origen debe pagar impuestos, el valor creado o utilidad se convierte en la base para la aplicación de la tasa de impuestos para conocer el impuesto a pagar.

Por ejemplo si usted se dedica al comercio podemos pensar que obtuvo un ingreso de 1,000 pesos, de esos ingresos usted debe de descontar el costo o gastos que llevó a cabo para crear la utilidad que en este caso supongamos que hubieran sido de 500 pesos, de esta manera usted obtiene una utilidad de 500 pesos, a esa utilidad usted le tiene que aplicar el porcentaje del impuesto que establecen las leyes fiscales para obtener el impuesto a pagar, si la tasa es del 30% su impuesto correspondiente es de 150 pesos por lo que su utilidad se vería reducida a 350 pesos.

Es común decir que un impuesto directo tiene nombre y apellido, es decir, que se sabe a ciencia cierta qué persona fue la que lo pagó, tanto en importe como en período. Aplicándolo al ejemplo anterior se podría decir que el impuesto de los 150 pesos fue pagado con su número de registro ante el fisco y corresponde al período del mes presente. Es así como a los impuestos directos también se les conocen como impuestos que gravan la producción, o para los fines de esta obra impuestos que gravan la creación del valor.

Impuestos al consumo

Los impuestos al consumo no gravan en base a una utilidad sino que se establece una tasa aplicable al precio que usted paga por un bien o servicio. Por ejemplo si pagamos un servicio de 100 pesos con una tasa de impuesto del 16% el impuesto correspondiente sería de 16 pesos dando un total a pagar de 116 pesos cuando usted consume ese bien o servicio.

Cuando una persona registrada ante el fisco realiza la venta de un bien o servicio además del precio por su trabajo debe de cobrar el valor adicional que la ley establece, posteriormente ese impuesto que cobro adicionalmente se debe de entregar al fisco, en el caso de nuestro ejemplo anterior deberá de pagar 16 pesos de impuestos por la venta de 100 pesos que realizó más los 150 pesos por el impuesto sobre el valor que creó, de esta manera todas las personas registradas ante el fisco se convierten en recaudadores de impuestos.

Como usted ahora puede comprender no importa si cree que está defraudando al fisco cuando no está registrado en el Registro Federal de Causantes, no importa si usted es de aquellos que se cree muy listo al no pagar impuestos o bien si usted es de aquellos que no los paga escudándose en que el gobierno malgasta el dinero, en cualquier caso tanto usted como yo pagamos impuestos al menos en los bienes que consumimos.

Adicionalmente existen impuestos sobre cuestiones muy específicas como las telecomunicaciones o productos especiales como los cigarros o bebidas pero ellos, esto entra en la categoría de impuestos indirectos, ya que gravan solamente a la persona que los consume pero no son tema para esta obra.

CAPITULO 15

ELIJA UNA PIEZA

¿Alguna vez ha jugado el popular juego de mesa Monopoly? si su respuesta es no, sepa que para jugarlo usted debe elegir una pieza que lo representará en el tablero, puede ser un sombrero, un carro, un perro, o inclusive una plancha, en el caso del pago de impuestos la analogía es que de igual manera que en el famoso juego de mesa usted opta cómo quiere ser representado en el "juego" de pagar impuestos.

En el juego del Monopoly no importa la pieza con la que quiera participar, las mismas reglas aplican para todos los jugadores, en el caso de los impuestos las reglas son diferentes dependiendo del tipo de jugador que usted sea y las implicaciones de esto pueden tener impactos muy profundos en sus finanzas personales.

Imagine qué pasaría si en el juego de mesa existieran piezas que puedan avanzar un par de cuadros más que el número de puntos de los dados o bien que existiera otra que en cada turno puede avanzar las casillas que quiera, el juego se saldría de control ya que algunos jugadores tendrían ventajas que otros jugadores no tendrían, por desgracia en el caso de los impuestos esta situación sucede, y aunque la idea en esencia es que todos los contribuyentes sean iguales ante la ley, en la realidad no sucede así.

Ante la ley todos somos iguales, pero unos son más iguales que otros

Se engloban en 3 las opciones que se pueden elegir para llevar a cabo el pago de impuestos cuando se crea valor:

- Empleado
- Persona Física
- Persona Moral

Empleado
Cuando usted utiliza este tipo de "pieza" para crear valor, usted vende su esfuerzo, tiempo y experiencia por la que recibirá un sueldo cada determinado tiempo, en el Capítulo 4 se revisó la manera en que una persona puede crear valor a través del empleo, en este caso veremos cómo se paga el impuesto sobre dicho valor cuando se utiliza esta pieza.

Las obligaciones de pagar impuestos por parte de las personas que son empleadas son cumplidas el empleador, por esta razón cuando el empleado recibe su sueldo se puede observar en el recibo el descuento de impuestos que hace la empresa, cuando se es empleado usted cumple con el pago de impuestos mucho antes de que reciba su propio dinero.

Como empleado usted crea un valor para la empresa que trabaja por lo tanto según vimos en el capítulo anterior su sueldo es causante de un impuesto directo. Hay algo muy importante que usted debe de conocer, el impuesto directo que el fisco le cobra a través de la empresa para la que trabaja aumenta conforme aumentan los ingresos que usted recibe pero no en la misma proporción.

Siendo empleado su impuesto directo es cobrado en base a los ingresos que obtiene, y como este tipo de opción no cuenta con egresos que pueda disminuir de sus ingresos el fisco tiene reglas en las que le condona cobrar un impuesto sobre el ingreso que percibe de acuerdo al concepto del mismo, por ejemplo, del aguinaldo que usted recibe cada año el fisco considera una parte exenta del cobro de impuesto, en este caso solamente 15 días de salario mínimo (15 x 59.82 = 897.82) si usted recibe 10,000 pesos de aguinaldo solamente 897.82 pesos será un ingreso exento, por el resto usted debe de pagar impuesto, solamente como dato informativo quizás le interese saber que el aguinaldo de nuestros legisladores es totalmente exento, no se le cobra ningún impuesto.

Dependiendo del concepto por el que usted recibe un ingreso hay reglas de exención de impuestos que le aplican, una vez que se realizó la separación de los ingresos exentos de los ingresos que si pagan impuestos, a éstos son a los que se le aplican cálculos fiscales para determinar el monto de impuesto a pagar, el cual aumenta su porcentaje conforme usted va obteniendo más ingreso, como se puede observar en la tabla siguiente:

	Ingresos Mínimos Anuales	Porcentaje de Impuestos
1	5,952.85	2%
2	50,524.93	6%
3	88,793.05	8%
4	103,218.01	9%
5	123,580.21	11%
6	249,243.49	16%
7	392,841.97	19%

Imagine cada fila de la tabla como un piso en el cual usted está parado acorde a su nivel de ingresos obtenidos por el valor que usted ha creado, si usted gana más de 50,524.93 pesos pero menos de 88,793.05 pesos, el nivel que le corresponde es el número 2, pero si usted gana 88,795 pesos el nivel que le correspondería sería el número 3 ya que gana más que la cantidad mínima de 88,793.05 para pertenecer a ese nivel, sin importar si la diferencia es solamente de centavos.

Si se encuentra en el nivel 2 de ingresos causa un impuesto del 6% sobre su ingreso, pero si usted consigue un aumento de sueldo o bien un trabajo mejor remunerado que lo sitúa en el piso 4 la tasa de impuestos que usted pagará ahora es de 9%, siendo empleado usted pagará más impuestos mientras más gane, lo cual suena lógico, la problemática es que la tasa no guarda una proporción en cada nivel sino que la misma aumenta en cada nuevo mínimo.

Después del nivel 6 la tasa correspondiente del impuesto seguirá subiendo, mientras siga generando más ingreso, la tasa de impuestos que le cobrarán no tiene un límite máximo.

Este tipo de esquema no premia al contribuyente que produce más, sino que se ensaña con él, cosa contraria cuando un contribuyente produce poco, la tasa de impuesto es mucho menor. Quizás lo lógico sería pensar que la tasa de impuesto fuera igual desde la fila 1 a la fila 7, esto parecería lo más justo, sin embargo la realidad como hemos visto no es así.

Esta es la mecánica de cómo un empleado paga su impuesto directo, pero recuerde que existe el impuesto al consumo.

El impuesto al consumo ya va añadido al precio de los productos y servicios que compramos, existen muy contadas excepciones que no son gravadas con este impuesto, esto es así por razones de bienestar social ya que dichos productos son de necesidad primaria para la sociedad como las medicinas o los alimentos, por lo tanto comprenderá que un porcentaje muy alto de lo que usted y yo consumimos llevan en su precio impuesto al consumo.

Cuando se es empleado, la relación entre los impuestos directos, los impuestos al consumo y el valor que hemos creado puede volverse pesada cuando se ven los números en su conjunto como a continuación se muestran:

Piense usted en una situación en donde siendo empleado crea un valor para una empresa, por dicho valor recibe una remuneración de 100,000 pesos al año y según lo visto en la tabla de los porcentajes del impuesto usted se ubicaría en el nivel 3, con una tasa sobre su ingreso del 8%, por lo tanto si situación sería como la siguiente:

Concepto	Importe
Ingreso bruto	100,000
% Impuesto	8%
Impuesto	8,000
Ingreso neto	92,000

Esto respecto del impuesto directo sobre su valor creado, por el lado del impuesto al consumo el monto que usted pagará viene determinado en la misma proporción en que usted gaste en bienes o servicios que contienen impuesto, de este modo imagine que usted paga 46,000 pesos al año de bienes y servicios con lo que estaría pagando una cantidad de 7,360 pesos (46,000 x 16% = 7,360) por impuesto al consumo:

Concepto	Importe		Bienes que causan impuesto al consumo	Total
Ingreso bruto	100,000		46,000	
% Impuesto	8%		16%	
Impuesto	8,000	(+)	7,360	15,360
Ingreso neto	92,000			
			Impuesto por consumo Ingresos netos	8%
			Impuestos totales Ingreso bruto	15.4%

Según se pude apreciar en la tabla con su ingreso después de impuestos de 92,000 pesos usted tendría que cubrir el impuesto al consumo de 7,360 por gastar 46,000 pesos en bienes de consumo que causan el impuesto, esto genera una tasa del 8% que paga por concepto de impuesto al consumo (7,360 / 92,000 = 0.08 * 100 = 8%). Una vez que se suman ambos impuestos pagados en el año se obtiene la tasa total de impuestos que pago, es decir, 15.4% ([8,000 + 7,360 = 15,360] / 100,000 = 0.154 * 100 = 15.4%).

El importe de 15,360 pesos es el monto total de impuestos que usted debe de cubrir sin poder hacer mucho para evitarlo, solamente bajando su consumo de bienes es posible pagar menos impuestos, pero en el caso del ejemplo se está considerando que el monto de los 46,000 pesos es la cantidad mínima de consumo que se debe de cubrir en bienes necesarios para sobrevivir, obviamente si usted gasta más que esta cantidad estará de igual manera pagando más impuesto.

Ahora imagine un entorno en el que en base a los números del ejemplo ocurre un aumento en la tasa del impuesto directo, esto redundará no sólo en un pago mayor de dicho impuesto sino también en el impuesto al consumo causando un doble efecto:

Concepto	Importe		Bienes que causan impuesto al consumo	Total
Ingreso bruto	100,000		46,000	
% Impuesto	9.5%		16%	
Impuesto	9,500	(+)	7,360	16,860
Ingreso neto	90,500			
			Impuesto por consumo Ingresos netos	8.13%
			Impuestos totales Ingreso bruto	16.9%

Cuando la tasa del impuesto directo aumenta de 8% a 9.5% el ingreso neto que le queda es menor quedando en 90,500 pesos, con esa cantidad menor usted debe de cubrir el mismo monto de impuesto al consumo de 7,360 pesos, en realidad la tasa de impuesto de bienes al consumo sube de 8% a 8.13% (7,360 / 90.500 = 8.13%) ya que tiene menos dinero para cubrir la misma cantidad de impuesto.

Cuando una persona obtiene mayor ingreso por su trabajo también tiende a gastar más, pero observe qué es lo que ocurre cuando logra generar un ingreso mayor en 25% siendo empleado y gastando este aumento en bienes de consumo:

Concepto	Importe		Bienes que causan impuesto al consumo (+25%)	Total
Ingreso neto (+25%)	125,000		57,500	
% Impuesto	11%		16%	
Impuesto	13,750	(+)	9,200	22,950
Ingreso neto	111,250			
			Impuesto por consumo Ingresos netos	8.27%
			Impuestos totales Ingreso	18%

La tasa del impuesto global ha vuelto a aumentar, aunque aquí estemos hablando en términos porcentuales, puede observar las cifras y ver que son cantidades nada despreciables.

Del primer ejemplo que se vio a éste último con un aumento del 25% en el ingreso hay una diferencia en el total de impuestos pagados de 7,590 pesos.

Tomando los datos del último ejemplo, si relacionamos el monto total de impuestos pagados (22,950 pesos) con el ingreso mensual promedio de 10,416 pesos (125,000 / 12 = 10,416 pesos) se puede observar que para fines prácticos el ingreso de dos meses de trabajo (10,416 * 2 = 20,833) se van directamente para el pago de impuestos, o dicho de otro modo, de todo lo que usted gana en el año siendo empleado realmente solo se quedaría en su bolsillo con 10 meses de ingreso por su trabajo, es por lo anterior que los impuestos pueden tener una influencia significativa en su patrimonio.

Persona Física

Una persona física es aquélla que no depende directamente de un empleador para crear valor, la persona física puede llevar a cabo cualquier actividad lícita que sea de su elección, pero en lo relativo a los impuestos las diferencias en el tratamiento que se le da tanto en el impuesto directo como en el impuesto al consumo pueden ser importantes a la hora de pagarlos.

Impuesto directo y los gastos estrictamente indispensables
Existen diversas formas de causar el impuesto directo de acuerdo a la actividad que se realice, dentro de la ley están determinados varios regímenes que aplicarán según la actividad que se lleva a cabo como persona física, existe un régimen si usted crea valor en base al arrendamiento de un bien inmueble, otro régimen si usted crea valor a través del comercio, o bien si obtiene el ingreso a través de la prestación de servicios profesionales como puede ser un doctor, un arquitecto, un contador; no importa cuál sea el caso de la persona física, todos los tipos de regímenes utilizan la misma tabla que se utiliza para determinar el impuesto directo de un empleado, eso no cambia.

	Ingresos Mínimos Anuales	Porcentaje de Impuestos
1	5,952.85	2%
2	50,524.93	6%
3	88,793.05	8%
4	103,218.01	9%
5	123,580.21	11%
6	249,243.49	16%
7	392,841.97	19%

La diferencia entre un empleado y una persona física es que ésta última puede llevar a cabo disminuciones de su ingreso por los gastos que realice para cumplir con su actividad, por ejemplo, una persona física que lleva a cabo una prestación de servicios profesionales médicos puede restar de sus ingresos el gasto de la gasolina necesaria para acudir a su lugar de trabajo, pero en el caso del empleado esto no es posible:

		Empleado	Persona Física
	Ingreso bruto	Si	Si
(-)	Ingreso exento	Si	No
(-)	Egresos	No	Si
(=)	Base para impuestos	Si	Si

Como se menciona anteriormente en este capítulo los empleados no tienen opción de realizar disminución de gastos de sus ingresos, esto es así dado que los gastos en herramientas o maquinaria necesarias para el desempeño de su labor son otorgados por el patrón, por ello es que la ley brinda el beneficio de las exenciones en sus ingresos los cuales son fijos y solamente varían cuando los legisladores de un país modifican las leyes que los establecen, pero disminuir impuestos no es algo que sea una costumbre en las leyes fiscales.

En el caso de una persona física la ley no establece exenciones sobre el ingreso que adquiere pero lo otorga la posibilidad de disminuir de su ingreso los gastos que llevó a cabo para cumplir con su labor y ésta es la variable que puede hacer toda la diferencia, como se puede ver en la siguiente tabla:

		Empleado	Persona Física	Fijo/Variable
	Ingreso bruto	100,000	100,000	
(-)	Ingreso exento	10,000	0	Fijo
(-)	Egresos	0	40,000	Variable
(=)	Base para impuestos	90,000	60,000	
	Tasa de Impuesto	8%	6%	
	Impuesto	7,200	3,600	

En el caso de la tabla se puede considerar que la actividad que se llevó a cabo para obtener el ingreso pudo ser la misma, pero el empleado la lleva a cabo para un patrón y en el caso de la persona física lo realiza por su propia cuenta, de este modo al final se puede observar que la diferencia entre impuestos pagados fue del doble debido a que la persona física tiene posibilidad de modificar sus egresos para que su base de impuestos sea menor, los egresos pudieron ser mayores al igual que menores, este aspecto dependerá de la administración personal o planeación y del gasto mínimo que tiene que realizar para lograr el ingreso de los 100,000 pesos del ejemplo.

Un punto muy importante es que los egresos que una persona física puede disminuir deben de ser **estrictamente indispensables para llevar a cabo su actividad**, es decir, un doctor no puede realizar disminuciones de gastos por la compra de comida, ya que su actividad no es la compra y venta de alimentos sino la de prestar servicios profesionales médicos, sin embargo, una persona que se dedica a comerciar con alimentos si podría llevar a cabo esa deducción, o bien un ingeniero puede disminuir la compra de material de construcción pero no la compra de material médico.

La ley no permite deducciones que no sean encaminadas a la obtención del ingreso lo cual parece ser lo más lógico o justo, sin embargo, el concepto de "estrictamente indispensables" pierde el sentido ya que podemos imaginar una situación de un empleado y una persona física que tienen la misma actividad para crear valor, ambos desempeñan las mismas actividades en el mismo horario y con el mismo esfuerzo, para acudir al lugar del trabajo recorren la misma distancia por lo que gastan la misma cantidad en transportación, en este caso se puede concluir que el gasto de transportación es una erogación **estrictamente indispensable** para lograr el ingreso, por lo tanto la persona física puede disminuir de su ingreso este gasto más no así el empleado ya que no está posibilitado para esto por las leyes fiscales, lo que resulta en una misma situación con resultados diferentes.

No sólo en el caso de la transportación, sino imagine que siendo empleado usted necesita obtener el conocimiento de un idioma o una mejor capacitación que el patrón no pueda pagarle, en ese caso el gasto debe de correr con cargo a su bolsillo y dicho gasto usted no puede deducirlo para fines de impuestos, caso contrario que ocurre cuando se es una persona física que si cuenta con esta facilidad.

Aunque una persona física esta posibilitado a disminuir gastos de sus ingresos antes de hacer el cálculo de impuestos, si tiene un monto mayor de gastos que de ingresos prende los focos rojos en el fisco ya que en la ley está establecido que una discrepancia de este estilo (gastos mayores que los ingresos) que no pueda aclararse de modo satisfactorio es considerada una presunción de ingresos lo que quiere decir que el fisco tomará esa diferencia entre gastos e ingresos y pensará que fue un ingreso que no se declaró con la subsecuente determinación de impuestos a su cargo más multas y recargos, en resumen, una persona física no está en posibilidad de tener una pérdida para fines de impuestos, más delante en este capítulo volveremos a este punto.

La similitud entre empleado y persona física es que usan la misma mecánica para la determinación del impuesto a pagar en base al nivel de la tabla en que se encuentren, la diferencia en esencia es que las personas físicas pueden llevar a cabo deducciones y los empleados no, resultando con ello diferencias importantes cuando se pagan impuestos directos.

Impuesto al consumo y su recuperación

Cuando usted como persona física logra crear un valor y cobra por él, debe de cobrar también impuesto al consumo, como se vio en el capítulo anterior el impuesto al consumo se determina en base a un porcentaje sobre el valor del producto o servicio, es decir, que si usted realizó un trabajo por el que cobrará 10,000 pesos y la tasa del impuesto al consumo es del 16%, el total de cobro que usted tendrá que hacer será de 11,600 pesos (10,000 pesos del trabajo + 1,600 impuesto al consumo = 11,600 pesos); el importe de los 1,600 pesos adicionales por concepto de impuestos deben de ser pagados ante el fisco.

Esto por el lado de los ingresos, pero cuando usted realiza gastos "estrictamente indispensables" para llevar a cabo su actividad, ésos gastos que realizó tenían incluidos en su precio la parte correspondiente de impuesto al consumo, es decir que si para lograr ganar 10,000 pesos usted hizo gastos en un total de 6,000 pesos, de ésta última cantidad usted pagó impuestos al consumo, aquí hay un punto muy importante, las leyes fiscales le permiten recuperar el impuesto pagado en sus consumos de los 6,000 pesos y pagarle al fisco la diferencia:

Persona Física			
	Ingresos	Gastos	Impuesto a Pagar al Fisco
Subtotal	10,000	5,172	
Impuesto	1,600	828	772
Total	11,600	6,000	

La persona física de los datos de la tabla anterior recupera 828 pesos pagados en sus gastos lo cual le da un doble beneficio: cuando gasta disminuye su base para el pago de impuesto directo y de igual manera el porcentaje que le van a cobrar, de igual manera disminuye el impuesto al consumo que pague por esos gastos es recuperable en su bolsillo.

Si con los datos de la tabla anterior usted no hubiera erogado ninguna cantidad de gastos para ganar los 10,000 pesos, el impuesto a cargo que debería de pagar sería en cantidad de 1,600 pesos, pero no debe de preocuparse porque esos 1,600 usted se los cobro a su cliente por lo que solamente debe de depositarlos tal cual los recibió al fisco, en el caso de una persona física el impuesto al consumo no es una carga más sino una manera de recuperar el dinero que gastó por concepto de impuesto al consumo para realizar su trabajo.

A continuación vamos a comparar más a detalle las diferencias entre una persona física empleador y una persona física en relación tanto al impuesto directo como al impuesto al consumo, para ello tomaremos el primer ejemplo visto del empleado:

Concepto	Importe		Impuesto al consumo pagado	Total
Base impuesto	100,000		46,000	
% Impuesto	8%		16%	
Impuesto	8,000	(+)	7,360	15,360
Ingreso neto	92,000			
			Impuesto por consumo Ingresos netos	8%
			Impuestos totales Ingreso bruto	15.4%

Y lo compararemos con una situación de una persona física con los mismos datos:

Concepto	Importe		Impuesto al consumo cobrado	Impuesto al consumo pagado	Impuesto al consumo neto	Total
Base impuesto	54,000		100,000	46,000		
% Impuesto	6%		16%	16%		
Impuesto	3,240	(+)	16,000	7,360	8,640	11,880
Ingreso neto	50,760					
				Impuesto por consumo Ingresos netos		0%
				Impuestos totales Ingreso bruto		3.2%

En el caso de la persona física el impuesto a pagar es de 11,880 pesos el cual es menor a los 15,360 pesos pagados por una persona empleado, pero aquí es en donde está el truco, como persona física la ley lo posibilita a disminuir el impuesto al consumo que pago en sus gastos del impuesto al consumo que cobró junto con sus ingresos, en nuestro ejemplo el servicio fue por un importe de 100,000 pesos más 16,000 pesos de impuesto al consumo, éstas dos cantidades fueron a parar a su bolsillo después se erogaron los 46,000 pesos de gastos más los correspondientes 7,360 pesos de impuesto al consumo, de esta manera las leyes fiscales le permiten entregar al fisco solamente la diferencia, es decir 8,640 pesos de impuesto, pero lo interesante es que usted cobró 16,000 pesos de impuesto y solamente le entregará al fisco 8,640 por el mismo impuesto, es decir que la diferencia de 7,360 pesos usted la puede conservar, es decir que recupera el impuesto al consumo que pagó anteriormente con lo que a final de cuentas usted **no pago impuesto al consumo** dado que lo ha recuperado, es por ello que la tasa mostrada es de 0%.

Para que a usted le resulte una situación inversa en el impuesto al consumo se requeriría que sus egresos fueran mayores a sus ingresos, entonces pagaría más impuesto al consumo que el que cobraría, pero como ya vimos esta situación alerta al fisco para revisar que las cosas estén en orden.

En el caso del impuesto directo de los 100,000 pesos de ingresos se disminuyen los 46,000 pesos de gastos lo que hace que el nivel de impuestos baje de 8% a 6%.

Viendo el panorama global de nuestro par de ejemplos es notoria la diferencia entre las tasas de impuestos de empleado (15.4%) a persona física (3.2%).

PERSONA MORAL

Se puede definir una Persona Moral como una sociedad de personas para la realización de sus actividades, es necesario que cuando menos sean 2 las personas que se asocien para que dé inicio una Persona Moral, de este modo a través de la figura de Persona Moral se pueden llevar a cabo las mismas actividades que puede realizar un empleado o bien una persona física.

Muchas de las empresas establecidas en el mercado caen dentro de este tipo de jugador, una persona moral puede tener la mayoría de las obligaciones y derechos que una persona física, como lo son: abrir cuentas bancarias, firmar contratos, obtener ingresos, realizar gastos, hacer demandas, y obviamente pagar impuestos.

Al igual que una persona física, una persona moral paga impuesto directo después de haber realizado las erogaciones estrictamente indispensables para obtener el ingreso, la diferencia es que en este caso la tasa no varía y siempre se mantiene en un 30% sobre la base resultante de ingresos menos deducciones.

Sin embargo, una cuestión que hace toda la diferencia es que una persona moral está posibilitada para producir pérdidas cuando realiza gastos mayores a los ingresos, lo cual no puede hacer un empleado y mucho menos una persona física como se comentó anteriormente.

Cuando se trata de una persona moral ésta puede obtener pérdidas a lo largo de varios años consecutivos sin que sea una cuestión que alerte al fisco, las pérdidas puede restarlas de futuras ganancias que tenga y de este modo no pagar impuestos:

Ingresos	100,000
Egresos	40,000
Utilidad	60,000
Pérdidas Anteriores	60,000
Base impuesto	0
Impuesto a pagar	0

Cuando existen períodos de crisis o recesiones y una persona moral obtiene pérdidas, éstas se pueden "guardar" para épocas de utilidades y disminuir de ellas éstas pérdidas, esto no sucede cuando se trata de un empleado que paga el impuesto mucho antes incluso de que él mismo reciba su dinero, y tampoco sucede con una persona física que cuando se encuentra en una situación similar será objeto de sospechas por parte del fisco.

Este beneficio que tienen las personas morales va más allá e impacta en lo referente al impuesto al consumo.

Imagine que usted crea una persona moral junto a un socio para vender algún tipo de artículo, al principio deben de realizar gastos en renta del local así como los servicios del mismo para poder operar, así también comprar un inventario para comenzar con el negocio, en este caso la persona moral no ha generado ingresos al cabo de un tiempo determinado pero si ha sido necesario continuar con los gastos para la operación del mismo; ésos gastos que la persona moral ha hecho han sido estrictamente indispensables para la obtención del ingreso, sin embargo éste aún no se ha podido conseguir, como dentro de lo que pago de los gastos estaba incluido impuesto al consumo la persona moral se encuentra generando un impuesto al consumo **a favor** y una pérdida por los gasto que será posible disminuir de futuras ganancias. De este modo si la persona moral gasta en un período determinado 34,800 pesos en gastos indispensables, 30,000 pesos serán guardados para poder disminuirse de futuras ganancias y 4,800 pesos correspondientes a impuesto al consumo pueden ser devueltos por el fisco a la persona moral o bien guardarlos como reserva para el pago de un impuestos posteriores.

A continuación hagamos un pequeño ejercicio comparativo acerca de todo lo que impuestos se refiere para despejar dudas:

Primero tocaremos el aspecto de un mal año en el que cada uno de los tipos de causantes no obtiene ningún ingreso pero no por ello deja de gastar, en cada uno de los casos el gasto sería financiado por algún préstamo:

Impuesto Directo			
Concepto	Empleado	Persona Física	Persona Moral
Ingreso	0	0	0
Ingreso Exento	0	0	0
Egresos	30,000	30,000	30,000
Utilidad/Pérdida	0	0	-30,000
Base Impuesto	0	0	0
Tasa	0%	0%	0%
Impuesto Directo	0	0	0

Es así que cada uno gasta 30,000 pesos para "mantenerse a flote", de esto se desprende que solamente la Persona Moral es capaz de guardar esos 30,000 pesos como concepto de pérdida fiscal.

En el caso del impuesto al consumo la situación quedaría de la siguiente manera:

Impuesto al Consumo			
Concepto	Empleado	Persona Física	Persona Moral
Ingreso	0	0	0
IVA Cobrado	0	0	0
Egresos	30,000	30,000	30,000
IVA Pagado	4,800	4,800	4,800
Diferencia a cargo(favor)	0	0	-4,800

Como se comentó anteriormente el empleado no puede hacer nada con el impuesto al consumo que pagó, es decir que lo tiene que absorber, en el caso de la persona física ésta si está en posibilidad de recuperarlo pero dado que no obtuvo ingresos levantaría sospecha acerca del modo en que pago dichos gastos y lo más probable es que no proceda determinar un saldo a favor como ocurre en el caso de la Persona Moral que registra un saldo a favor de 4,800 pesos.

Posteriormente llega el siguiente año con mejores resultados para nuestro ejemplo:

Impuesto Directo			
Concepto	Empleado	Persona Física	Persona Moral
Ingreso	100,000	100,000	100,000
Ingreso Exento	30,000	0	0
Egresos	0	65,000	65,000
Utilidad/Pérdida	70,000	35,000	35,000
Pérdidas	0	0	-30,000
Base	70,000	35,000	5,000
Tasa	6%	2%	30%
Impuesto Directo	4,200	700	1,500

El empleado debe de realizar un pago de impuesto directo de 4,200 pesos, la persona física tuvo mejor resultado para fines de impuestos ya que pudo disminuir gastos en un monto de 65,000 pesos resultado en una tasa de impuesto de 2% menor que el empleado, por último en el caso de la persona moral ésta puede disminuir además de los mismos 65,000 pesos por gastos del año la pérdida del año pasado y aunque su tasa de impuesto es más elevada que los demás ha pagado un impuesto directo más bajo en importe respecto del empleado.

Ahora toca el turno al impuesto al consumo:

Impuesto al Consumo			
Concepto	Empleado	Persona Física	Persona Moral
Ingreso	100,000	100,000	100,000
IVA Cobrado	0	16,000	16,000
Egresos	65,000	65,000	65,000
IVA Pagado	10,400	10,400	10,400
IVA a Favor	0	0	4,800
Diferencia cargo (favor)	0	5,600	800

El empleado no puede recuperar nada del impuesto al consumo por lo que todos los bienes y servicios en donde le carguen dicho impuesto tendrá que absorberlo, cosa que no sucede con la persona física que puede disminuir el impuesto pagado por sus gastos con lo que recupera 10,400 pesos y solamente tiene que pagar al fisco 5,600 pesos de impuesto, en el caso de la persona moral ésta no sólo recupera el impuesto pagado en sus gastos sino además el impuesto del año anterior en cantidad de 4,800 para con esto sólo pagar al fisco 800 pesos.

Por último vamos a hacer un breve resumen de los importes de impuestos respecto del ingreso generado para su análisis:

	Empleado	Persona Física	Persona Moral
Tasa Efectiva	14.6%	6.3%	2.3%
Ingresos	100,000	100,000	100,000
Impuesto Directo	4,200	700	1,500
Impuesto al Consumo	10,400	5,600	800
Total Impuestos	14,600	6,300	2,300

Los números previos demuestran que dependiendo del esquema bajo el cual se realice la actividad que crea el valor será el impacto que se tenga de los impuestos sobre el valor creado, lo interesante de este caso es que las reglas para cada jugador son diferentes y como decía al principio de este capítulo pueden tener implicaciones de importancia como ya quedó establecido; las tasas efectivas de impuestos muestran variaciones importantes principalmente debidas al hecho de que una persona moral está facultada por ley a crear pérdidas fiscales que pueden ser restadas de futuras ganancias así como a recuperar el impuesto al consumo pagado.

Después de conocer la información que se ha comentado hasta aquí puede comprender que la carga impositiva de impuestos está anclada en contribuyentes que poco pueden hacer para cambiar su situación, no sucede lo mismo cuando se habla de personas morales las cuales tiene beneficios que logran un impacto relevante cuando se determinan los números de impuestos a pagar.

Interludio III – Impuesto al Valor Agregado - ¿Quién paga los platos rotos?

Haremos un paréntesis para comprender la manera más adecuada los movimientos en relación al impuesto al consumo y quién es finalmente quién termina absorbiendo su costo.

Después de comprender lo analizado en el último par de capítulos tomemos en consideración el siguiente recuadro:

	Empresa 1	Empresa 2	Empresa 3	Consumidor
Ingreso	1,000	1,000	1,000	Final
IVA	160	160	160	
Gasto		1,000	1,000	1,000
IVA		160	160	160
IVA A Cargo (Favor)	160	0	0	160

La situación mostrada en el cuadro anterior es la siguiente:

Empresa 1.- Crea valor en 1,000 pesos por el cual debe de cobrar el impuesto al consumo de 160 pesos, todo lo cual lo cobra a la Empresa 2

Empresa 2.- Tiene un gasto de 1,000 pesos más un impuesto al consumo de 160 pesos por la compra a la Empresa 1, posteriormente vende producto en cantidad de 1,000 pesos con su respectivo impuesto a la Empresa 3.

Empresa 3.- Tiene un gasto de 1,000 pesos más un impuesto al consumo de 160 pesos por la compra a la Empresa 2 posteriormente vende producto en cantidad de 1,000 pesos con su respectivo impuesto a un consumidor final.

Como se observa la Empresa 1 crea un valor sobre el que debe de cobrar el impuesto al consumo, las Empresas 2 y 3 transfieren el impuesto al consumo a la siguiente cuando realiza la venta y dado que la ley les permite recuperar el impuesto que pagan el efecto en ellas es de cero, hasta el momento en que el producto llega al consumidor final es cuando el mismo absorbe el pago del impuesto ya que no está posibilitado para recuperarlo de acuerdo a la ley.

En ese ejemplo se considera el mismo importe tanto para el ingreso como para el gasto, pero haciendo un cambio en los números de las Empresa tenemos:

	Empres 1	Empresa 2	Empresa 3	Consumidor
Ingreso	1,000	1,400	2,000	Final
IVA	160	224	320	
Gasto		1,000	1,400	2,000
IVA		160	224	320
IVA a Cargo (Favor)	160	64	96	320

Empresa 1.- Crea valor en 1,000 pesos por el cual debe de cobrar el impuesto al consumo de 160 pesos, todo lo cual lo cobra a la Empresa 2

Empresa 2.- Tiene un gasto de 1,000 pesos más un impuesto al consumo de 160 pesos por la compra a la Empresa 1, posteriormente vende producto en cantidad de 1,400 pesos con su respectivo impuesto a la Empresa 3.

Empresa 3.- Tiene un gasto de 1,400 pesos más un impuesto al consumo de 224 pesos por la compra a la Empresa 2 posteriormente vende producto en cantidad de 2,000 pesos con su respectivo impuesto a un consumidor final.

En este caso el costo total del impuesto al consumo se transfiere de Empresa a Empresa y el consumidor final de nueva cuenta es quien corre con el pago de los 320 pesos de impuesto, en este ejemplo cada nueva Empresa aumenta el valor de su producto por lo que tienen cantidades a cargo que deben de ser entregada al fisco, pero aún en el caso de que no sea así no implicaría mayor problema:

	Empresa 1	Empresa 2	Empresa 3	Consumidor
Ingreso	1,000	900	2,300	Final
IVA	160	144	368	
Gasto		1,000	900	2,300
IVA		160	144	368
IVA a Cargo (Favor)	160	(16)	224	368

Empresa 1.- Crea valor en 1,000 pesos por el cual debe de cobrar el impuesto al consumo de 160 pesos, todo lo cual lo cobra a la Empresa 2

Empresa 2.- Tiene un gasto de 1,000 pesos más un impuesto al consumo de 160 pesos por la compra a la Empresa 1, posteriormente vende producto en cantidad de 900 pesos con su respectivo impuesto a la Empresa 3.

Empresa 3.- Tiene un gasto de 900 pesos más un impuesto al consumo de 144 pesos por la compra a la Empresa 2 posteriormente vende producto en cantidad de 2,300 pesos con su respectivo impuesto a un consumidor final.

En el caso de la Empresa 2 en donde obtuvo un gasto mayor al ingreso, en lo relativo al impuesto al consumo resulta un saldo a favor de 16 pesos, es decir, que ese monto lo puede solicitar en devolución o bien aplicarlo a saldos a cargo de otro impuestos para pago.

En resumen quien absorbe el impuesto al consumo es aquél que no puede recuperarlo.

CAPÍTULO 16

TOME VENTAJA DE LAS REGLAS

Este último capítulo integraremos los diversos esquemas propuestos para conocer su efecto en las finanzas personales, para ello se tomarán los siguientes supuestos:

Ingresos anual 100,000 pesos
Período: 5 años

A continuación tomaremos uno a uno los esquemas que se han propuesto comenzando con el del ahorro.

Esquema	Año 1	Año 2	Año 3	Año 4	Año 5	Total
Ahorro Mensual 10%	12,000	12,000	12,000	12,000	12,000	60,000

Si durante cada mes se separa una cantidad del 10% del ingreso al mes durante, anualmente se contaría con una cantidad de 12,000 pesos y al final del período de 60,000 pesos, recuerde que para poder conseguir una meta de este estilo es posible que solamente necesite organizar sus gastos de una manera diferencia para evitar aquellos que no le son necesarios de acuerdo con lo comentado en el Capítulo 1.

Esquema	Año 1	Año 2	Año 3	Año 4	Año 5	Total
Ahorro Extra	3,000	3,000	3,000	3,000	3,000	15,000

Adicional a un ahorro mensual es posible llevar a cabo un ahorro "extra" una vez al año cuando durante se logran obtener bonos, aumentos, trabajos especiales, etc., para los fines de este ejemplo se considera una cantidad de 3,000 pesos anuales.

Un adicional más para mejorar las finanzas personales es el esquema de autofinanciarse siendo su propio banco, y así "pagarse intereses a uno mismo", a final de cuentas es un "ahorro doble" ya que el dinero que anteriormente usaba para pagar intereses al banco ahora se los queda usted mismo y en su bolsillo, tomando en consideración las mismas cifras que se vieron en el Capítulo 11 tenemos la siguiente información:

Esquema	Año 1	Año 2	Año 3	Año 4	Año 5	Total
Propio Banco	2,000	2,000	2,000	2,000	2,000	10,000

Usted se paga intereses de 2,000 pesos anuales durante 5 años utilizando el mismo esquema.

Hasta aquí tome en consideración que usted no ha llevado a cabo movimientos financieros sofisticados para conservar el valor que ha creado y por año cuenta ya con una cantidad de 17,000 pesos, un importe interesante si lo comparamos con el ingreso anual de 100,000 ya que representa un 17% de valor que usted conserva en su bolsillo.

Ahora tomaremos en consideración esquemas sobre los cuales usted debe de llevar a cabo algunos movimientos diferentes fuera de lo que comúnmente ha hecho para lograr que su patrimonio crezca al conservar, administrar y hacer crecer el valor que posee.

El primero de esos esquemas es el de utilizar los beneficios que las leyes fiscales le otorgan y así lograr recuperar el impuesto al consumo que paga al realizarlo a través de una persona moral, para este punto será necesario acercarse a un contador, pero una vez que lleve a cabo los movimientos necesarios usted podrá recuperar esas cantidades que a continuación se muestran:

Esquema	Año 1	Año 2	Año 3	Año 4	Año 5	Total
Impuesto al Consumo	7,360	7,360	7,360	7,360	7,360	36,800

Como se observa utilizar el beneficio que tiene una persona moral resulta en una cantidad nada despreciable de valor recuperado, los movimientos valen la pena.

A continuación se busca la creación de activos para hacerlos crecer, en este punto tomaremos el segundo ejemplo visto en el Capítulo 7 el cual se anexa:

Esquema	Año 1	Año 2	Año 3	Año 4	Año 5	Total
Activo	0	3,600	3,600	3,600	7,200	18,000

Durante el período de nuestro ejemplo, gracias al activo adquirido se obtienen ganancias en cantidad total de 18,000 pesos.

Por último pero no menos importante es el esquema del interés compuesto, que en este caso cada uno de los ahorros y ganancias conseguidos durante el año se usan para aplicar en este esquema resultando en lo siguiente:

Esquema	Año 1	Año 2	Año 3	Año 4	Año 5	Total
Ahorro 10% Mensual	12,000	12,000	12,000	12,000	12,000	60,000
Ahorro Extra	3,000	3,000	3,000	3,000	3,000	15,000
Propio Banco	2,000	2,000	2,000	2,000	2,000	10,000
Impuesto al Consumo	7,360	7,360	7,360	7,360	7,360	36,800
Activo	0	3,600	3,600	3,600	7,200	18,000
Interés Compuesto (7%)	387	3,006	6,068	9,348	12,862	31,671

Como se puede ver a lo largo de 5 años utilizar este esquema junto con los demás deriva en la obtención de 31,671 pesos más del 30% del ingreso anual considerado para este ejemplo.

Para culminar observe el resultado de los esquemas juntos:

Esquema	Año 1	Año 2	Año 3	Año 4	Año 5	Total
Ahorro 10% Mensual	12,000	12,000	12,000	12,000	12,000	60,000
Ahorro Extra	3,000	3,000	3,000	3,000	3,000	15,000
Propio Banco	2,000	2,000	2,000	2,000	2,000	10,000
Impuesto al Consumo	7,360	7,360	7,360	7,360	7,360	36,800
Activo	0	3,600	3,600	3,600	7,200	18,000
Interés Compuesto (7%)	387	3,006	6,068	9,348	12,862	31,671
Total Anual	24,747	30,966	34,028	37,308	44,422	171,471
% Anual	25%	31%	34%	37%	44%	
Total Acumulado		55,713	64,994	71,336	81,730	
% Anual		56%	65%	71%	82%	

Analizando la información de la aplicación de los esquemas propuestos se pueden identificar resultados importantes para las finanzas personales, se observa cómo en tan solo 5 años de obtiene un rendimiento del 82% sobre un ingreso anual de 100,000 pesos, un porcentaje que está fuera de

117

toda proporción en relación al mercado pero lo más importante es que es directamente para su beneficio.

Recuerde que el tema de las finanzas personales es flexible para cada bolsillo, tomando la información de los esquemas propuestos, usted puede hacer modificaciones que le sean más cómodas o más agresivas según el caso, o bien puede aumentar el porcentaje de ahorro mensual o bien disminuirlo, quizás considere que puede hacer un ahorra extra anual mayor al de los 3,000 mil pesos de nuestro ejemplo, en el caso de la adquisición de un activo éste puede brindar mayores ganancias a las esperadas si sigue las reglas que hasta ahora se han expuesto, o en caso contrario no dar ningún beneficio, así también al ser su propio banco usted puede determinar una "tasa mayor de interés" que se paga a usted mismo por autofinanciarse o de igual manera puede encontrar alguna institución financiera que le otorgue mayores intereses por su ahorro, a final de cuentas todas esas circunstancias son adaptables a cada bolsillo, lo importante es conocer estas reglas para que pueda sacar el mayor provecho de ellas.

Y POR ÚLTIMO...

Conozca el (verdadero) valor de las cosas.- El valor no es algo fijo que sea igual en el tiempo, este dependerá de varios factores a considerar por uno mismo, todos podemos crear valor y si el objetivo es enriquecerse ese valor deberá de ser administrado para que el mismo produzca mayores beneficios por sí mismo.

Administre su valor.- El valor no sólo se trata de crearlo sino también de administrarlo, de nada sirve obtener grandes ingresos si de igual manera tiene grandes egresos, la diferencia en el manejo de estos dos conceptos hace la diferencia entre los que tienen y los que no.

Conserve su valor.- Una vez que conoce las formas en cómo se pierde o conserva el valor de acuerdo al tipo de figura fiscal que utiliza administre sus opciones de acuerdo a su perfil.

Siempre mantenga un margen a su favor.- Cuando cree un valor no es necesario que lo gaste todo, mantenga un margen para imprevistos o mejor aún para hacerlo crecer.

Invierta.- Ya que conoce lo que es verdaderamente una inversión busque alternativas para su dinero, no es necesario que sean inversiones glamorosas o sofisticadas, busque alternativas que le genere un flujo de dinero.

Administre adecuadamente sus deudas.- Las deudas no son malas por sí mismas, dependiendo del fin para las cuales fueron adquiridas éstas pueden ayudar a que el patrimonio crezca, es importante hacer un análisis a conciencia antes de adquirir una deuda.

No se endeude demasiado.- Procure mantener un nivel de endeudamiento sano, pero sobre todo no utilice toda su capacidad de endeudamiento, es decir, si su nivel de endeudamiento optimo es de un 20% manténganlo en un 17% o 15%.

El ahorro.- Procure ahorrar, cuando ahorra, puede sentir que parte del valor que ha creado permanece con usted, esto además de brindar una tranquilidad financiera también brinda una tranquilidad emocional y hasta psicológica.

Impuestos.- A pesar de que pueden llegar a ser complejos, busque conocer cómo impacta este aspecto en sus finanzas personales, todos tenemos una persona cercana que nos puede dar una guía sobre este punto, aproveche los beneficios que las leyes fiscales le otorgan y procure no exponerse a situaciones que lo afecten en este sentido.

COMENTARIOS FINALES

La riqueza, el valor o el dinero, no dejarán de ser parte de nuestros deseos, necesidades o preocupaciones, es por eso que esa obra fue escrita con la intención de que usted comprenda las reglas que lo rigen, al comprender las reglas, sabrá el efecto que sus decisiones tendrán en su patrimonio y con ello podrá evitar que el mismo sea mermado.

La riqueza puede ser vista como una montaña con dos pendientes, por un lado está la pendiente para subirla con muchos obstáculos y trampas que lo pueden hacer a uno retroceder o tropezar, por eso la riqueza es solo para unos pocos que no dejan de escalar, pero una vez que se levanta de cada caída se acerca más a su destino; cuando logra llegar a la cumbre la pendiente del otro lado se mostrará larga e infinita para brindarle a usted riquezas que hasta entonces estaban ocultas.

Para cosechar hay que sembrar, si no se siembra nada, nada se cosecha, así es la riqueza, o ¿acaso usted confiaría en un árbol que crece y florece al cabo de un abrir y cerrar de ojos? La riqueza necesita tiempo para madurar y para regresarle a usted lo beneficios, con las reglas que usted ahora conoce podrá ocuparse de cuidar el valor que ha sembrado y éste no hará nada más que regresarle esos cuidados en forma de riqueza porque no existe otro resultado posible, tan simple como causa y efecto. Y no sólo eso sino que los frutos crecerán de forma exponencial, es decir, cada nuevo fruto traerá dentro de sí la semilla para uno nuevo creando una fuente inagotable.

www.ingramcontent.com/pod-product-compliance
Lightning Source LLC
Chambersburg PA
CBHW051217170526
45166CB00005B/1939